改变，从阅读开始

Edward Luce

西方自由主义的衰落

[英] 爱德华·卢斯 著

张舒 译

山西出版传媒集团　山西人民出版社

图书在版编目（CIP）数据

西方自由主义的衰落／（英）爱德华·卢斯（Edward Luce）著；张舒译．－－太原：山西人民出版社，2019.2

ISBN 978-7-203-10615-9

Ⅰ.①西… Ⅱ.①爱… ②张… Ⅲ.①自由主义－研究－西方国家 Ⅳ.①D091.5

中国版本图书馆CIP数据核字(2018)第280919号

著作权合同登记号：图字04-2018-045

THE RETREAT OF WESTERN LIBERALISM
by EDWARD LUCE
Copyright: © Edward Luce 2017
This edition arranged with Rogers, Coleridge & White Ltd.
through Big Apple Agency, Inc., Labuan, Malaysia.
All rights reserved.

西方自由主义的衰落

著　　者：	（英）爱德华·卢斯
译　　者：	张　舒
责任编辑：	王新斐
复　　审：	贾　娟
终　　审：	李广洁
选题策划：	北京汉唐阳光
出 版 者：	山西出版传媒集团·山西人民出版社
地　　址：	太原市建设南路21号
邮　　编：	030012
发行营销：	010-62142290
	0351-4922220　4955996　4956039
	0351-4922127（传真）　4956038（邮购）
E－mail：	sxskcb@163.com（发行部）
	sxskcb@163.com（总编室）
网　　址：	www.sxskcb.com
经 销 者：	山西出版传媒集团·山西新华书店集团有限公司
承 印 者：	北京汇林印务有限公司
开　　本：	787mm×1092mm　1/32
印　　张：	6.25
字　　数：	150千字
版　　次：	2019年2月　第1版
印　　次：	2019年2月　第1次印刷
书　　号：	ISBN 978-7-203-10615-9
定　　价：	38.00元

如有印装质量问题请与本社联系调换

目录

001 前言

017 第一章 核聚变

079 第二章 核反应

151 第三章 放射尘

171 第四章 半衰期

192 致谢

前言

> 我们从历史中学到的唯一的教训，
> 就是我们没有从中吸取任何教训。
> ——弗里德里希·黑格尔

一群学生正驱车高速驶向柏林。华兹华斯在谈论法国大革命时写道:"生命的黎明是乐园,青春才是真正的天堂。"诗人的所思所感刚好捕捉到我们当时的心绪。那是1989年,在冷战时代核阴影下成长起来的我们,想要一睹这个时代符合自然法则的消亡,这种诱惑难以抵挡。身为学生,我们没有通知任何人就离开了学校;刚一听闻民主德国已经打开了查理检查站(Checkpoint Charlie),东西柏林正合为一体,旋即踏上了旅程。四个小时后,我们登上了从英国多佛港到比利时泽布吕赫港的渡轮。不到十八个小时,我们三个男生和两个女生,就和成千上万的年轻人、老年人,德国人、外国人一起,凿开了这堵墙。挥舞着凿子和长镐,我们也为这场历史性破坏运动的狂欢节做出了微不足道的贡献,和此前素未谋面、今后也不会再见的人之间建立起了友谊。一群西柏林人拥抱着我们,和我们分享他们的香槟。还有什么能比陌生人的香槟更适合庆祝这个新时代呢?两天后我们返回英国,全程宿醉未醒,惊讶的是居然避开了一路的超速罚单,每个人还揣着一小块柏林墙的碎片。我把它当作是此番出行的纪念品。我的导师留意到了我的旷课,不过他在听完我的理由后宽慰了许多。

"我觉得这比其他情况好多了,"他在我把那一小片纪念品拿给他看时说道,"你玩得开心吗?"

我们被乐观情绪所感染。作为牛津大学哲学、政治学和经济学专业(Philosophy, Politics and Economics,简称PPE)的学生,我感到自己掌握着开启当下时刻历史意义的钥匙。批评者把PPE专业称为"破烂教育"(Pretty Poor Education)。他们说得或许有道理。但在那一刻,深夜时写作的论文中描述的危机似乎一并冒出来了。PPE还有一个不太贬义的同义词,叫作现代经学(Modern Greats),这个名称相较于牛津大学久负盛名的古典人文学科学位。从内容上讲,索福克勒斯的悲剧与牛津经济学乏味的逻辑之间几乎难以找寻到可类比之处,但是它们都自负地认为西方思想具有至高无上的地位。至少在这一点上,古代人和现代人之间不会发生争执。我们把它称为进步,或者说"进步论"——这种信仰是现代西方最接近宗教的东西。

柏林墙倒塌前不久,弗朗西斯·福山发表了他的著名文章《历史的终结》。"我们可能目睹的不仅仅是冷战的结束……而是历史的终结,即人类意识形态演变的终点和西方自由民主的普遍化,这是人类政府的最终形式。"[1]他这般写道。尽管我并不赞同福山对于理想社会的看法,但我和他同样感到释然。一个巨大的障碍已从我们的未来中清除出去。20世纪尸横遍野的欧洲中心不会再度上演核武器武装的不同意识形态阵营之间的短兵相接。分崩离析的欧洲大陆即将统一,而英国也不再置身事外。边境逐步开放。全球视野让人神往。一个单极世界即将来临。尽管20世纪尚未过去,历史却终于展开笑颜。这是通向21世纪的良好开端。

将近三十年过去,唐纳德·特朗普2016年大选获胜后不久,我来到莫斯科,受邀参加一个关于"多中心世界秩序"的会议——这是俄罗斯对于"后美国世界"(Post-American world)的表述。会议由普里马科夫研究所主办,该研究所以20世纪90年代担任俄罗斯外交部长和总理的叶夫根尼·普里马科夫的名字命名,1999年,弗拉基米尔·普京接替他担任总理。当我和我的朋友们在柏林墙的废墟上手舞足蹈时,忧心忡忡的普京正在130英里外德累斯顿的克格勃(KGB)办公室(这个城市当时仍属于民主德国管辖)目睹着他的世界分崩离析。后来他把苏联的解体描述为"20世纪最大的地缘政治悲剧"。"多极化"这个词最早由普里马科夫提出,不过它似乎未能抵挡美国后冷战时期所向披靡的海洋霸权。普京重拾这个概念,并把它变成了自己的创造。作为全球必不可少的政治力量，美国从未热衷于"多极化"的想法。这就是华盛顿的自信，它甚至蔑视"多边主义"这个术语。一如美国国务卿马德琳·奥尔布赖特在20世纪90年代后期所说的那样："它音节太多，还以'主义'结尾。"

俄罗斯联邦安全局（FSB，前身即克格勃）局长亚历山大·博尔特尼科夫和弗拉基米尔·普京本人出席了我在莫斯科参加的这场会议。尽管会议氛围严肃，但俄罗斯应该举杯欢庆。几个月前，在该研究所给我发出邀请后，我转头便忘了此事。11月9日，美国总统大选后的次日早晨，当我试图理解即将到来的新世界时，回想起了这个邀请。这天距离柏林墙倒塌恰好整整二十七年，这个巧合不禁令人毛骨悚然。物极必反。美国刚刚选举出了一位崇尚修墙的总统。1989年，当普京审视着他轰然倒塌的世界时，我们正在德国的高速公路上疾驰，而唐纳德·特朗普正在推出一款棋盘游戏，名叫"特朗普游戏"。游戏拥有自制的纸币，以财富积累为规则，与"大富翁"游戏惊人地相似——唯一的不同之处是骰子上的数字6被字母T取代。不出所料，这款游戏是个彻头彻尾的失败。没有记录表明特朗普对于柏林墙的倒塌发表过任何正面或负面的看法。无论如何，所有这些似乎都已成为陈年旧事。美国居然选出了一个崇尚俄罗斯从政方式的人。他的竞选甚至有可能得益于莫斯科的援助。俄罗斯人还会欣然接受我迟到的参会函吗？他们居然接受了。

接下来的会议就像是一门如何用不同的视角看待世界的速成课。我毕竟学过历史专业（尽管我希望自己现在能够更具怀疑精神地看待历史），我为我们的俄罗斯东道主如此频繁且充满敬意地提及维也纳会议而感到震惊。维也纳会议召开于1814至1815年，它正式宣告了拿破仑战争的结束，并且开启了近一个世纪的稳定局面，直至第一次世界大战的爆发。确立新秩序的，是由英国、奥地利、普鲁士以及最重要的俄国组成的四国同盟。特朗普的胜利为俄罗斯在多中心世界重新回归大国的历史地位开启了一线希望。多中心世界里，每个国家都欣然承诺不会做任何破坏其他国家内部合法性的事情。不再谈论民主的不可或缺，或是美国领导下的全球秩序。这正是普京所渴望的。至于克里米亚——普京在2014年出兵克里米亚，触发了由美国主导的对俄制裁的"蜘蛛网"——它融入祖国如今已是一个不可逆转的事实。克里米亚只是恢复到它1954年之前的状态，当年莫斯科在行政上相继放宽政策，把它让与当时的乌克兰苏维埃社会主义共和国。奥巴马执政期间的国务卿约翰·克里谴责俄罗斯,声称从现已独立的乌克兰"吞并"克里米亚是对历史的侵犯。他说:"没有国家会在21世纪还像19世纪那样,制造完全欺诈性的借口入侵另一个国家。"但这就是世界运作的常见方式。美国在21世纪对伊拉克做了同样的事。在莫斯科的眼中,历史已经复归,没有什么必然会发生,尤其是自由民主。其他地区,如安卡拉、开罗、加拉加斯,甚至布达佩斯,它们和俄罗斯一样对西方的观念怀有敌意,一如西方本土与日俱增的叛教者。他们错了吗?

本书中我尝试回答这个问题。我首先要声明的是,没有什么是预先设定的。如果一个人的成长轨迹伴随着民主的崛起、市场经济的传播以及全世界对《世界人权宣言》表现出的认可(即使其中大部分只是口头上的支持——就像他们说的,伪善是恶人对善行所表示的敬意),仅仅提出这个问题已经够麻烦了。这场辩论不是很久以前就解决了吗?人类自由的前进之路不是势不可挡吗?难道不是全世界都渴望成为西方人吗?对此,我们不再有任何信心。相信世界上的其他国家会被动地采纳我们的发展模式无疑是相当傲慢的。那些依旧相信西方模式必然会取得胜利的人可能要反躬自问，促成其价值观的是否只是信念，而非事实。我们必须对我们所学的从未质疑的东西持怀疑态度。我们的理智可能会在这个过程中经受考验。

一个至关重要的问题是对自《大宪章》以来西方历史的半宗教化解读。2015年，英国在兰尼米德为其举行了签署八百周年的纪念活动。通过限制国王的权力，《大宪章》为后世著名的"无代表，不纳税"开创了先例。这份简短的中世纪文献在之后几百年的迷雾中湮没无声——莎士比亚在其剧作《约翰王》中甚至没有提到过它。然而，自17世纪，反对斯图亚特王朝专制统治的英国人重新发现《大宪章》，并将其带往美国的十三个殖民地，此后它演变成西方自由主义的创始神话。正如研究《大宪章》的历史学家丹·琼斯（Dan Jones）所描述的那样，从现在来看，1215这一年被视为西方自由主义的"元年"。[2] 美国的开国元勋援引它，视其为灵感的来源，世界各地的反殖民运动援引它，现在轮到英国人自己庆祝它。《世界人权宣言》在第二次世界大战后问世时，埃莉诺·罗斯福说它"很可能成为全世界所有人的国际大宪章"。而这份由约翰王和叛乱贵族之间签订的条约仅维持了两个月，它赋予贵族一些牢不可破的特权，并且限制了妇女和犹太人的权利，这些事实应该让我们有所反思。《大宪章》不是一个通向自由的跳板，而是一个势力暂时被削弱的国王和他难以驾驭的贵族之间签订的一个思路混乱的权宜之计。它很快就失效了。今天它受到珍视的程度（其中一份副本位列于美国国家档案馆《独立宣言》的旁边）衡量出我们有多健忘。如果西方自由主义的智性基础（intellectual basis）是怀疑主义，那么我们应该学会不辜负这个概念的意义。

我们应该特别警惕历史的海妖之歌（siren song of history）。乔治·桑塔亚那有句著名的话："忘记过去的人，注定会重蹈覆辙。"把历史看作是一种有其自我思想的独立力量，这种观念会把我们哄得昏昏欲睡。已故的美国经济学家罗伯特·海尔布伦纳说："把历史看成一种偶发事件，这种设想超出了人类精神所能承受的范围。"几个世纪以来，西方人拥有一种线性的历史观，认为时间总是能把我们带到一个更快乐的地方。希腊人称之为目的论。对于基督徒来说，它是基督的再度降临和最后的审判。对于马克思主义者来说，它是伴随着国家的消亡而到来的无产阶级专政。对于欧洲民族主义者来说，它是掌控住自己民族的命运。对于大西洋两岸乔治王和维多利亚时代的自由党人及其在西方世界的现代继承人而言，人类自由的进步归结于个人自由的进步。在1989年，大多数人都信奉最后这个观念。其他观念要么已经死亡，要么退居历史的深处。如今，信奉民族命运的专制统治思潮正在大举卷土重来。西方自由主义四面楚歌。

更重要的是，非西方的历史图景虽然在殖民统治期间黯然失色，却从未被遗忘，它们正在日益迫切地确认起彼此的关联。尽管有很大不同，但中国和印度的传统都相信循环的历史观。如今他们依然如此。物质条件可能会改善，但是人类的道德状况是不变的。历史不会引导我们走向精神或政治的大团圆结局。对于人口几乎占到九成的世界其他国家而言，大多数人现在终于开始追赶上西方的物质优势，而人类的道德进步却是一个永远无法解决的问题。历史不会终结，它是人类愚蠢和纠正的永恒重复。由此可见，如何组织社会并没有唯一的模式。除了那些宗教信徒，谁能说这种看法是错误的呢？

不过，对西方进步观念最致命的威胁来自内部。唐纳德·特朗普，以及欧洲国家的首脑，他们并未引发民主自由主义的危机。他们是一种征兆（symptom）。这种说法可能难以理解，尤其是对美国自由主义者来说，特朗普的获胜动摇了他们的世界观，但他们仍旧坚信事情最终会变好。许多人都安慰自己说，特朗普的胜利是一场意外，它是美国大多数白人的垂死挣扎，还有普京的唆使，历史将在短暂的中断后回归到正常轨道。我多么希望他们是对的，但我恐怕他们是错的。自千禧年以来，特别是过去十年，全世界有不下二十五个民主政体遭遇失败，其中三个在欧洲（俄罗斯、土耳其和匈牙利）。在除突尼斯以外的所有地区，阿拉伯之春被夏日热浪吞噬殆尽。西方的自由民主女神是不是输了？弗朗西斯·福山告诉我："民主究竟是在进行市场修正，还是经历全球性萧条，这是一个悬而未决的问题。"[3] 西方中产阶级自20世纪90年代初开始酝酿强烈抵触的情绪。他们是迅速融合的全球经济中最大的输家之一，这一趋势仍将持续数十年。在英国，我们称他们为"被抛下的人"。在法国，他们是"中间层"（*couches moyennes*）。在美国，他们是"被压榨的中产阶级"。一个更恰切的术语是"不稳定型无产者"（precariat）——指那些长期生活在经济不稳定境况之下的人。这群人的人口占比正在增长。因此，他们的焦虑感也在日渐增加。美国社会学家巴林顿·摩尔有句名言："没有资产阶级就没有民主。"在未来的几年里，我们会弄清楚他所言是否正确。

本书分为四个章节。第一章，核聚变，解释了全球经济一体化以及它对西方经济的激进影响。无论以哪种数字作为衡量标准,人类都在迅速摆脱贫穷。但是在西方,约有一半到三分之二的人在过去一代人的时间里充其量算是原地踏步。在接下来的几十年中,数千万的西方人要在艰难的处境中奋斗以维持生计。包括人工智能和远程智能在内的自动化的发展(也被称为"第四次工业革命")仍处于早期阶段。美国记者法里德·扎卡利亚所谓的"他国的崛起"(the rise of the rest)[4]也同样刚刚起步。中国的崛起是经济史上最引人注目的事件。我们生活在一个大融合的时代,其引人注目的程度不亚于欧洲殖民主义和工业革命带来的"分化时代"。未来几年,西方中产阶级收入的下行压力将会是残酷的。

第二部分,核反应,解读了由此引发的西方政治的衰落。我们被教导着认为,我们的民主国家是通过价值观念聚拢在一起的。我们对于历史的信念加剧了这个神话,但是自由民主最强劲的黏合剂是经济增长。当各种群体争夺经济增长的硕果时,政治游戏的规则相对容易维持。当硕果消失,或是被少数幸运儿垄断时,情况变得严峻起来。历史本应教会我们这些道理:输家会寻觅替罪羊。利益集团操控的政治变成一场针对逐步减少的资源的零和博弈。

过去的经验还教导我们,在西方不平等激化并日益严重的时期要加以警惕。这种情况鲜有好下场。

第三部分,放射尘,探讨美国和西方霸权衰落的可能后果。虽然美国仍是地球上最强大的军事力量,而且它的技术最具有创新性,但是美国人对他们的制度失去了信心。唐纳德·特朗普提供的改革措施比弊病本身还要糟糕。况且欧洲正在反求诸己。诚如亨利·基辛格所言:"如果美国在政治、经济和国防方面与欧洲分离,它将在地缘政治层面成为欧亚大陆之外的一座孤岛。"[5]

最后一章,半衰期,探索要如何应对。如果你像我一样看重个人自由,那么你应该想要维持这种能让它蓬勃发展的社会。历史终结论的叙事相信我们已经摆脱了古已有之的人类偏见。这样做的话,我们就会忘记要怎样才能来控制它。发生改变的是公众的信念,包括精英在内都不再相信社会是一个聚合的整体。这种无形的全民公决是西方社会契约的本质。现在的情况部分要归咎于身份自由主义(Identity Liberalism),这种政治学说认为社会整体小于其各部分的总和。它加剧了以白人为主导的群体的强烈不满,这些群体现在借用了少数族群的政治手段。如果不能清楚地理解发生了什么问题,我们就无法取得进展。除非跟跟跄跄的西方国家弄清楚冲击它们的到底是什么，否则它们根本没有机会从内部拯救自由主义。

温馨提示：记者习惯给事物贴标签，这一点上他们和历史学家有着同样的特质。历史学家花时间给过去打上印记——蒸汽时代、西方的崛起、现代的诞生等等——记者们也会不假思索地这样做。这是这个职业的天性。我们标榜自己赶制出了历史的第一稿。因此，我的职业可能会导致我过度阐释新近发生的大事件。此外，我们还有一个招人嫌的习惯，就是马后炮地认定我们之前没能预测到的事实根本就是没法避免的，它从始至终注定会发生。我一直对此感到愧疚。你在阅读这些文章时，请记住，英国脱欧并非注定会发生。全民公投是惯用直觉决策的英国首相轻率的掷骰子之举。特朗普的胜利也并非不可避免。如果七十七万中西部选票投给另一边，那么希拉里·克林顿现在就是总统了。不过反之亦然。就算是玛丽安·勒庞输了法国总统大选，安格拉·默克尔继续在德国执政，或者说，真的由社民党领导人马丁·舒尔茨接替她，西方自由主义的危机也不会突然终结，尽管我怀疑我们中的许多人会散播这种论调。听到许多人把12月奥地利总统选举中诺贝特·霍费尔的失利解释为民粹主义的失败,我颇感费解。霍费尔获得了近乎47%的选票。如果说以微弱优势险胜右翼民族主义者就算是切断了民粹主义的浪潮,那么怎样才叫迎着这股浪潮冲浪呢?就此而言,就算是希拉里现在入主白宫,美国的未来也未必安全。西方的危机是真实的、结构性的,很可能会持续。没有什么是不可避免的。西方有些问题是我们有能力解决的。解决这些问题意味着我们要很清楚自己是如何走到今天这一步的。此外,还需要有意识地努力从陌生的角度看待这个世界,承认西方对真理或德行没有垄断权。在这本书中,我竭尽全力避开我日常工作中的陷阱,突出那些正在左右着这个世界的更重要的力量:紧迫的事让位于重要的事——这是我的目标。所以我建议和读者立下协议:如果你对我的承诺报以期待,我必不负重托。我估计阅读本书大约需要三个钟头。

注释

1　Francis Fukuyama, 'The End of History?', *National Interest* (summer 1989).

2　Dan Jones, *Magna Carta: The Birth of Liberty* (Viking, New York, 2015), p. 4.

3 2017年1月作者采访。
4 Fareed Zakaria, *The Post-American World: And the Rise of the Rest* (Penguin, New York, 2009).
5 Henry Kissinger, *World Order* (Penguin, New York, 2014).

第一章

核聚变

> 所有需求中最紧要的,是不要在这个世界中沉沦。
> ——阿历克西·德·托克维尔[1]

2017年1月前后，世界经济的守护者易主。地点是达沃斯，全球最能代表公众意见的富商巨贾在此举行年度聚会。在此之前，这里一贯是最后预测到未来走势的地方。但是这次不同。对冲基金大亨、硅谷的数据界高管、管理专家和政府官员聚集在一处，预示着未来全球将如何疾速改变。中国国家主席习近平前往瑞士的阿尔卑斯度假胜地。面对新当选的美国总统唐纳德·特朗普的发难，习近平全力捍卫全球贸易体系。对抗着贸易保护主义的叫嚣，世界最大发展中经济体的领导人，尽可能低调地从世界最发达的国家那里接替承担了捍卫全球贸易体系的角色。它预示着中国渴望成为负责任的全球公民的新时代已经开启。"有一种观点把世界乱象归咎于经济全球化，"习近平在达沃斯论坛中说道，"不能一遇到风浪就退回到港湾中去，那是永远不能到达彼岸的……打贸易战的结果只能是两败俱伤。"

暂且不论近期的预测，追溯到1902年，早在中国的帝国废墟被欧美列强从历史的遗迹中发掘出来的时候，那时英国历史学家约翰·霍布森就预见到，总有一天复兴的中国将会颠覆这一切。霍布森的先见之明值得玩味："中国会比其他'落后种族'更快地度过依靠西方科学和西方资本的阶段，并且迅速吸收他们被迫给予的东西，可以重建自己的经济独立性，为机械工业找寻到资本和组织技能所需要的资源……可以迅速在世界市场上站稳脚跟，成为最强大和最实际的竞争对手，首先打入亚太地区的贸易，然后席卷西方的自由市场，驱使西方的封闭市场走向更严格的贸易保护制度。"[2]

尽管这些话颇有预言色彩，不过就连霍布森也没有料想过中国实现这一切的速度。1978年，中国在全球贸易的占比不到1%（差不多相当于统计数字里的四舍五入的误差），到2013年，已成为世界领先的贸易国，占到当年资本流量的将近四分之一。[3]就在21世纪初，美国的贸易额几乎还是中国的三倍。这种规模或者速度在历史上闻所未闻。然而它还会持续相当长的时间。中国的复苏，还有包括印度尼西亚、泰国和印度在内的占据全球人口半数的其他十五个快速增长的非西方经济体的回归，正在显著地改变全球的权力结构。在我有生之年，新兴的中产阶级已经无处不在，取代业已形成的西方中产阶级，成为全球增长的发动机。自1970年以来，亚洲的人均收入增加了五倍。[4]即使在非洲这块全球表现最差的大陆，收入也几乎翻了一番。与此同时，西方的收入中位数在过去的半个世纪内几乎没有变化。亚洲的一些地区,如新加坡和韩国,收入要么超过西方水平,要么与西方平分秋色。在其他国家,特别是印度,仍然达不到西方国家平均水平的十分之一。但是方向是清晰的。根据新加坡经济学家丹尼·科尔(Danny Quah)的说法,如果你绘制出全球经济地图,20世纪的重心应该位于大西洋中部的某个地方。这个点现在已经向东移动到伊朗。[5] 在未来几十年里,它将处在中国和印度之间,喜马拉雅山脉的某个位置。五十年间,从大西洋中部到世界屋脊——我们这一代人见证了经济重心的重塑。

然而,这不过是让中国恢复到它在人类历史多数时期所享有的国际地位。将近七个世纪,从诺曼征服英格兰不久的1100年到工业革命爆发的1800年之间,中国始终占据全球经济比重的大约四分之一,估算的生产量份额还要更高。近期一项历史研究表明,在1750年,中国和印度生产了世界制造业四分之三的产品。在第一次世界大战前夕,其份额下降到只有7.5%。[6] 经济史学家称之为"分化时代"。东方国家经济的急剧下滑(下滑得实在太厉害)被归咎于殖民掠夺带来的直接影响。比如说,英国东印度公司就压制了当时领先全世界的印度纺织业的生产。印度的丝绸被兰开夏郡的棉布取代。中国的瓷器被欧洲的"瓷器"(china)所取代。英国后来称为"帝国偏好"(Imperial Preference)的机制令这两个国家苦不堪言,这迫使它们向英国出口低价值的原材料,并且进口昂贵的成品,从而使它们长期处于贸易逆差状态。在任何意义上讲,这种交易都没有任何自由。在中国,西方列强各自抢占自己的特许经营权,帮助他们在中国实现此前英国在印度所做的事情——只不过没有在全国范围内驻军而已。影响是相似的。霍布森再一次鲜明地捕捉到:"西方的投资者和商人似乎在中国开掘了一座劳动力的矿藏……看起来规模巨大又可随时扩充,以便创造机会把西方全体白种人提升到'独立绅士'(independent gentleman)的地位。"[7]

有关西方对其前殖民地的道德负罪的辩论常常太过片面。比如说,那些指出英国从印度榨取财富的人往往忽略了社会改革的影响。这些改革第一次让愚昧无知的下等种姓有机会阅读和写作,还保护了上等种姓的寡妇免于"萨蒂"(Sati)仪式,这种殉葬仪式会把她们扔到其亡夫葬礼的柴火堆上。没有一种道德计算器可以衡量出殖民主义在每种情境下的利弊。在奴隶制的情况下,没有必要进行辩论。非洲奴隶贸易是一种反人性的罪行,英国和美国在这种罪恶中扮演着主角。但是欧洲的经济成功主要是受到技术优势的驱动,而不是一系列不道德的掠夺行为。

从19世纪40年代到1949年,中国对这个耻辱的世纪仍然耿耿于怀——在某些方面,历史原因造成的不满情绪似乎还在加深。但是,相比起西方的残酷剥削,工业革命发生于欧洲而不是亚洲的这一事实起着更为关键的作用,导致了中国一落千丈。中国和印度迅速被西方更高级的机器压制时,并非一贫如洗(尽管贫穷很快席卷了这里)。没有蒸汽动力、先进的军事技术、全新的金融手段以及现代组织技能的发展,西方对亚洲的剥削也不可能实现。这些都是主要的推动因素。1820年,英国人均收入折合成如今的价格是2000美元。在第一次世界大战前夕已经涨到了5000美元。同期,中国的人均收入从600美元跌至550美元,而印度的人均收入从600美元小幅上涨至700美元。[8] 从绝对值上,亚洲的经济状况几乎没有改变。从相对比重上,亚洲的经济急剧萎缩。正如历史上没有任何时期可与今天的大融合(Great Convergence)相比一样,西方在两个世纪以前导致大分化(Great Divergence)的疾速发展也没有先例。

现代性(Modernity)诞生于西方。今天去问受过教育的西方人,为什么是他们而不是另一个大陆书写了现代的规则,他们很可能会告诉你欧洲的科学革命和启蒙运动,可能还有文艺复兴。这样说确实也没有错。但是历史远比我们在学校学到的故事更加复杂。大多数人可能不知道,中国的技术在相当大程度上为工业革命提供了关键的灵感。在其他的技术和发明中,欧洲从中国获得了更加上乘的钢铁生产;印刷机;导航工具,包括指南针;火药粉和纸币。欧洲从伊斯兰文明获得了二进制数学(最初起源于印度)、天文学知识、复式记账以及许多在欧洲失传已久的古希腊和古罗马知识。理查德·鲍德温说:"欧洲复兴(很大程度上)是基于从中东和远东发达文明中借鉴的观念、制度和技术。"[9] 他关于当今大融合的著作备受赞誉。权力在中世纪后期从伊斯兰世界转移到基督教世界,也是由13世纪成吉思汗的蒙古游牧铁骑向西横扫所致。当时,黑死病流行,三年之内,欧洲失去了三分之一到一半的人口。这同样说明,影响是复杂的。进入城市化文明以后,伊斯兰世界因为腺鼠疫的肆虐,遭遇更加悲惨,因为它的民众比欧洲更集中,也更容易暴露在疾病之下。你可以说,蒙古人大大改善了欧洲的贸易条件。杰弗里·加滕(Jeffrey Garten)的全球化历史《从丝绸之路到硅谷》通过十个人物传记讲述了上一个千年的故事。他的书以史蒂夫·乔布斯结束,以成吉思汗开始。后者凭借其影响力,作为故事的开篇可谓恰如其分。

那么,关于未来几年中国的复兴会带来哪些令人期待之处,历史会给我们怎样的答案呢?澳大利亚著名汉学家休·怀特写道:"如果我们从长远的角度看,今天印度和中国的崛起不是一场革命,而是一场修整——历经两个世纪的间奏后恢复到正常状态。"[10] 在20世纪90年代和21世纪初,美国的决策者详尽地讨论过如何应对中国的崛起。没有人能确定中国是否会成为美国的合作伙伴,还是转变为对手。华盛顿选定了一个对冲风险的策略:接纳中国的和平崛起,一旦发生变化,也保留转换到遏制其发展的选项。一直以来从未变化的是,美国将会尽其所能保证它在亚太地区的首要地位。美国在20世纪90年代盛行的观点是,中国和世界其他地区经济的相互依存提高了战争的代价,因而将会降低战争的风险。此外,中国的经济形势实在太可观,不能将其拒之门外。关于中国加入世界贸易组织的讨论中,当时的美国总统比尔·克林顿说,全球化就像是"经济学领域的风或水这样的自然力量"。此外,他认为,中国的加入将会把中国拉进更低的进口关税率,从而减少美国的双边贸易逆差。自从2001年中国加入世界贸易组织后,美国对华贸易逆差已跃升近五倍。现在回想起来,很明显,北京比华盛顿更好地把握住了全球经济的动态。

中国已经从它加入的俱乐部中收获了超出其最高期望的收益,现如今为其他国家的发展提供支持。全球贸易体系是否保持开放,取决于西方越发被动的民主国家将会采取怎样的行动。习近平和他的同侪可以寄希望于得到最大的外国投资者的支持,这些跨国公司在中国和亚太地区的其他地方都设有大宗的生产供应链。在当今世界,大多数跨境贸易都是公司内部商品半成品的流动。例如,苹果的 iPhone 在九个不同的国家生产。由于目标是获取西方的技术,发展中国家对进口产品征收关税是没有意义的,这部分关税很可能只是半成品从供应链的某一环节转移到下一环节产生的。鲍德温把这种提升生产力的分拆流程称为"零敲碎打的世界"。它和以前所有产品组件都在一个地方制造的旧的工厂模式大不相同。因此,习近平最好的盟友是来达沃斯听他演讲的全球首席执行官。这些人都很忌惮孤立的西方中产阶级的怒气。

经济学家向来以错误预测未来而臭名昭著(正如他们无法解释过去一样)。有一个笑话:他们预测出了过去五次经济衰退中的十次。在如今所谓的"超全球化时代",近年来糟糕的预测呈现出相反的错误方向。经济学家一直预言的增长从来都没有兑现。特别是自2008年全球金融危机以来,每年的预测都会高估下一年的增长。最快证实这一点的方法就是分析过去八年达沃斯论坛全球经济展望的估测。[11]但是,如果退一步来讲,更长远的趋势是明显的。

无论其短期财富状况如何,中国未来几十年将会继续大踏步地超越西方。从购买力平价的角度来看(这个概念用以衡量当地货币的购买力),中国的经济在2014年超过了美国。[12]以传统的美元计量标准,再过差不多十年,中国将超过美国。到2050年,中国的经济体量可能是美国的两倍,比所有西方国家的经济总量还要大。在屈辱的世纪之后,随之而来的是一个复兴的世纪。到那时,印度的经济规模将与美国大体相当。西方的生活方式,以及我们的自由民主制度是否能够在全球力量的巨大转变中存留下来,是本书关注的问题。答案并不完全掌握在我们的手中。而我们迄今为止做出的回应却在加速这一转变。唐纳德·特朗普的胜利正是西方未能接受它所面临的现实的一个具体写照。

2008年全球金融危机期间,"华盛顿共识"土崩瓦解。事实上,这种经济模式早在2003年就被约翰·威廉姆森称为"毁掉的品牌",这个术语是他在20世纪80年代末创造的。[13] "华盛顿共识"中规定了开放的贸易体系、资本的自由流动以及央行货币秩序。然而,在1995年的墨西哥特索债券危机(tesobono crisis)、1997年的亚洲金融风暴期间,以及20世纪90年代后期,俄罗斯、巴西和其他地区在一股脑地吞下这剂处方后遭受了惨痛的损失。颇具声望的西方俱乐部——经济合作与发展组织(简称OECD)的建立,力图在垮掉的战后欧洲散播美国马歇尔计划的援助,它把资本项目开放作为成员国的先决条件。由于它所具有的声望和高信用评级,每个国家都想加入经济合作与发展组织。韩国和墨西哥适时地放开资本项目,并于20世纪90年代初加入该组织。热钱流入这些经济体之后,又迅速流出,这种不稳定是瞬息万变的。此后,世界大多数国家选择了中国这种逐步开放并从自身出发的更加务实的道路。中国特色的发展路线暴露了"华盛顿共识"的局限。它原以为只有一种行得通的办法,世界其他国家别无选择,只能采用它。对于世界的账本底线来说,中国太大了,而且太重要了,不能随意摆布。其他发展中国家遵循了中国的启示,称它为"北京共识"。

如今我们仍在条件反射般地把雷曼兄弟破产之后的崩溃称为全球经济衰退。但是这种说法相当有问题,这是大西洋经济衰退。2009年,中国的经济增长接近10%,印度经济增长近8%。西方经济在收缩。我们思考这个世界的方式往往落后于现实。最重要的例子就是我们如何看待西方的经济增长。我们仍然以总数来衡量我们的状况,但平均值上却一无是处。正如康奈尔大学经济学家罗伯特·H.弗兰克指出的那样,平均而言我们的腿长约为1.9英尺,因为有些人只有一条腿。[14] 同样,如果马克·扎克伯格加入你所在的社区足球队,平均下来每个成员都是亿万富翁。

在旧模式下,大多数的生产聚集在国家这座壁垒背后,对通用汽车有利即对美国有利。年度国内生产总值的数字对于通用汽车在美国的客户来说,和它对于公司的意义同样重要。如果美国经济增长5%,汽车制造商的净收益很可能有同等幅度的增长。美国的收入中位数增长与GDP步调一致。英国帝国化学工业集团或劳斯莱斯的情况也大体类似。这是衡量当今世界增长的一种过时的方法。自2009年以来,美国经济每年增长大约2%。然而直到2015年,收入中位数才重新回到大萧条之前所享有(enjoy)的水平。

也许"享有"是个错误的词。2007年的收入中位数低于2002年小布什总统任期开始时的水平,这一经济周期持续到小布什总统任期的结束。对苹果公司有利的可能不利于美国。它在2004年关停了位于美国的最后一家生产工厂。小布什就任期间,有史以来首次出现中产阶级的收入在其任期结束时比任期初还低的情况。今天,美国的收入中位数水平仍然低于21世纪初的水平。显然,那种典型的美国人所理解的增长和宏观经济学家的有很大不同。国内生产总值的数字坚称我们做得很好,然而全国一半人口正在遭受个人经济状况的衰退。

世界上最有信息含量的图表是"象形图表"(Elephant Chart)。这个大象形状的统计学图表由世界银行前雇员布兰科·米兰诺维奇设计,拥有很多优点。它简单直观,几乎能够展现柏林墙倒塌以来和高度全球化时代相关的所有东西。它显示了二十多年来全球经济不同百分位上的增长分布情况。全球中位数——越南、印度等国的新兴中产阶级——在这些年的收入增长超过80%。即使是最低的10%,如非洲和南亚,增长率也高达50%。西方中产阶级在"象形图表"的主体部分位于"象鼻"向下倾斜的地方——这些人的收入水平位于世界人口的75%分位至90%

分位之间，占到了西方人的大多数。位于中点的人在过去的三十年间收入仅增长了1%。最初的图表时间点结束于2008年。鼓起来的大象身躯部位只包括了一些发展中国家。包括非洲大部分地区、孟加拉国、中亚和南美安第斯山脉边缘的许多其他地区，尚未对大象的大块头做出显著的贡献。它们的融入只是一个时间问题。西方生活标准的长期前景令人不安。"如果这波全球化浪潮阻碍了富裕国家中产阶级的收入增长，那么涉及孟加拉国、缅甸和埃塞俄比亚这些愈发贫穷且人口众多的国家的下一波浪潮，最后会导致什么结果呢？"米兰诺维奇问道。[15]

最后一部分是大象的鼻尖，它以一种恰如其分的庆祝姿态笔直地向上扬起。这是全球收入最高的1%。他们的收入在同一时期增长了三分之二以上。但是米兰诺维奇表示，这会极大地低估全球前1%的人——这个群体主要在西方——自"大趋同"开始获得的巨额收益。全球经济中最顶端的1%分享了全球15.7%的财富。不过如果去衡量他们的净资产，并且合理预测他们在隐秘角落里积蓄的资产，比如加勒比海或类似的离岸金融市场，他们在全球财富中的份额将跃升至近三分之一。越接近象鼻子的地方，增速越快。世界上最富有的团体——地球上最有钱的1426

个人——价值 5.4 万亿美元，大约是整个英国经济规模的两倍，超过 2.5 亿最穷的美国人的总资产。自 1988 年以来，全球最前列的亿万富豪的资产价值已经上涨了五倍。一个人如何使用这笔钱是我们都喜欢玩的游戏，"假如现在你继承了 100 万美元或 10 亿美元，每天花费 1000 美元。第一种情况下，你在不到三年的时间里就会花光所有遗产，而在第二种情况下，需要超过 2700 年（也就是从荷马创作《伊利亚特》到现在相隔的时间）来挥霍掉它。"米兰诺维奇用这个例子来解释最富有的群体。与此同时，西方四分之一到三分之一的人拥有负的净资产或零净资产。他们面临着贫困潦倒的退休生活。正如我所说，如果你想要一张让自己睡不着觉的经济图表，你应该从象形图表开始。

现在，回想一下象形图表以前的情况。我们现在把 20 世纪 40 年代末到 70 年代初的那段时期称为西方中产阶级增长的黄金时期，或者是法国人口中的社会大众收入增长的"黄金三十年"（Trente Glorieuses）。年收益总是周期性的。此后出了点问题。我们告诉自己，这是可纠正的。西方人不知怎的脱离了自然增长的上升阶梯——它能确保年收入增长率达到 2% 至 3%，差不多在一代人或者更快的时间内生活水平就可以翻一番。我们相信，我们的孩子在其生命结束时，生活会比我们好三倍到四倍。在某些短暂的时刻，如20世纪90年代的互联网热潮期，看起来上述增长似乎又回来了。但这股增长消失得和它出现得一样快。我们仍在等待着数字经济允诺的生产率的提升。除了20世纪90年代以外，生产率的增长从未重回战后十年的增长速率。诺贝尔经济学奖得主罗伯特·索洛说："你可以在任何地方找到计算机时代，除了生产率统计数据中。"硅谷亿万富翁，曾因支持过唐纳德·特朗普而引发争议的彼得·蒂尔生动地表述过这个问题："我们想要会飞的汽车，得到的却是140个Twitter字符。"随着机器人革命的加速和人工智能的传播，这种情况可能会发生改变。但是我们应该对我们所希望的更加小心。紧缩已经让人感到不舒服了。

我快五十岁了。我这一代人出生于20世纪60年代中后期或是70年代，经历了从黄金时代到新常态（the new normal）的转变，但是直到我们三十岁时才意识到这一点。我们是在父母的殷切期望中长大的，但它们实现的希望愈发渺茫。我们退休后的惨淡前景将更为严峻。要清楚：西方的悲伤情绪源于期望破灭的心理，而不是物质享受的减少。然而，无论在何种年龄段，处于何等收入层级，大多数西方人的收入水平还是要好过印度以及其他新兴国家的绝大多数人,尽管差距正在缩小。我们的幸运程度比之前的任何一代人都要高得难以想象。维多利亚女王会对当下社会最边缘的英国公民所能享受到的免费医疗服务嫉妒不已。安德鲁·卡耐基会对电子图书馆感到惊叹,对于几乎最与时代脱节的某些美国人来说,电子图书馆和他们也只有一个大拇指纹的距离。

我们是否只是在想象我们的困境?不。西方的中等收入问题是真实的,并且还在加剧。最糟糕的影响是停滞不前。许多现代生活工具的价格增长到了大多数人难以承受的程度。罗伯特·H.弗兰克监测了一种叫作"辛劳指数"(Toil Index)的数据,代表一名中位数收入的工作者在美国一座大城市中支付中位数租金所需的工作时长。1950年,每个月需要花费45个小时。一代人以后,它已经缓慢上升至56个小时。今天则需要101个小时。[16]在美国,像样的医疗保险和高等教育的费用同样增长得令人难以负担。如果把1985年的数据设为100,那么大多数东西,诸如食品、电子产品、基本款服装价格已降至两位数,并且在一些情况下低得惊人。这些是你在沃尔玛货架上找到的商品。与此相反,获得学位或者支付合理的健康保险费用的成本已跃升至600以上。[17]美国的通货膨胀率多年来一直徘徊在

1%左右。然而，让人们能够生存下去、让他们的孩子茁壮成长的消费成本正在以每年两位数的速度增长。通货膨胀则是又一个过时的数字，对于典型的西方人来说它已经没有太多价值了。它不再能体现出人们最看重的东西。如果没有健康的身体，以及帮助你在未来经济中找到一份好工作的提升认知技能的能力，你的生存机会将会严重受限。这并不是人们沮丧时想象出来的产物。这是许多或者说是绝大多数西方人每天都会遇到的情况。获取社会资本的成本失控是很多人对其子女生活前景如此悲观的原因。

当人们对未来失去信心时，就不大可能会为当下投资。这种个人层面的停滞感，甚至可能会陷于其中的折磨人的恐惧，给人类精神蒙上了一层无精打采的阴霾。罗纳德·里根曾经说过："进步是我们最重要的产品。"他这话是在说通用电气公司，他曾在那里工作过。但他也是在指美国。伟大的美国社会学家丹尼尔·贝尔，在20世纪50年代写道："经济增长已经成为推动工业社会的世俗宗教。"他是对的。因此，经济增长的缺位意味着许多人陷入类似无神论的状态。这种无精打采的感觉体现在很多方面。在劳动力市场中，这意味着劳动力参与率下降。就像在信奉不可知论的社会中敬拜神灵的渴望会下降一样，不景气的经济状况中，工作的渴望也会下降。在过去的十年里，美国全职在岗人数已经降低到了欧洲水平，这一问题曾由于欧洲大陆劳动力市场过度监管导致的僵化后果而被忽视。现在美国的比率正好处在欧洲的平均水平。从某些角度看更加糟糕。现在，法国男性全职工作的比例高于美国人——这个统计数字并不能很好地反映美国的情况，但对法国还比较适用。[18]

美国类鸦片剂（opioid）的蔓延是另一个警示灯。现代社会学之父爱米尔·涂尔干说过，当社会到达文明的间隙期时，自杀率就会飙升。自2000年以来，吸毒过量导致的死亡人数增加了两倍：美国目前因类鸦片—海洛因引起的死亡人数和艾滋病的高峰时期不相上下。有些死亡是偶然的。有些是有意为之的。你可以选择你的杀手。海洛因来自墨西哥。止痛药来自你的家庭医生。毒品成瘾的增长和处方止痛药的迅速传播有关。自20世纪90年代后期以来，美国的急性疼痛发病率并没有翻两番，但是止痛药处方的数量却翻了两番。市场上最强效的类鸦片药物奥施康定的销售额从1995年的4500万美元猛增至2015年的31亿美元。[19] 这一趋势是近年来美国预期寿命下降的一个原因，[20] 在和平时期这种情况本不应该发生。停滞的其他症状包括：

对他人观点的容忍度下降，加入社会团体的热情减退。"我认为，近来美国社会在一些重要方面日益增长的不宽容、不文明行为，以及日益丧失的大度和开放，很大程度上是美国中产阶级生活水平停滞造成的后果。"本·弗里德曼在《经济增长的道德意义》一书中写道。[21]托克维尔赞赏美国的"不安分的性情"（restlessness of temper）。今天，美国人越发处于像罗伯特·普特南所说的"独自打保龄球"状态，在这样的社会中，托克维尔这位伟大的法国编年史学家可能会转而谈论美国的情绪弱点（shortness of temper）。亚当·斯密，提出自由贸易经济学的伟大理论家，因其《国富论》而备受尊敬。它的姊妹篇《道德情操论》总体上被忽视了，然而，却比《国富论》更为重要。书中，斯密阐述了为什么资本主义会在参与者彼此高度信任的社会中发挥其最佳作用。当社会信任度下降时，做生意的成本就会上升。即便身处18世纪后期现代经济发展的发端，斯密仍然把握住了对更美好的未来拥有信心在精神层面的重要性。信任建立起来后，其他许多事情随之而来。"当社会处于进步且日益富裕，但还没有达到绝顶富裕的状态时，也许大多数贫穷劳动者都会觉得幸福、安乐。"斯密写道。[22]

经济增长放缓时，社会会失去节奏。在即时连接的时代,这看起来可能是反直觉的。但我们自欺欺人地认为,我们频繁发布Facebook更新、发Twitter或是在Snapchat上的频繁交流等同于有意义的行动。拥有数百名Facebook好友无法替代亲眼见到本人。西方社会正在持续老龄化。例如,美国的年龄中位数现在是39岁,而印度则是27岁,英国是40岁。[23] 在生育高峰期(它于1964年结束),人们倾向于拥有一个大家庭,这和如今大多数亚洲及其他地区的新兴中产阶级的情况相类似。老龄化社会是一个缺乏创业精神的社会。相比他们的父母,当下的美国人跨越联邦州边界的可能性要小得多。州际移民相比起二战后十年的高峰期已经减少了一半以上。老年社会也不太可能创立新的业务。美国的初创企业的比例多年来一直下降,开始同欧洲的创业步伐相差无几。自2000年以来,美国人均的三方专利申请率(指在美国、欧洲和日本三方专利局记录在册,以便筛选掉无足轻重的专利)下降了四分之一。[24]

西方的大公司中,成长最快的部门是法务和公关部。大公司把大部分收入用于回购股票和抬高股息支付。他们不再像过去一样在研发方面进行投入。吃亏的是未来。泰勒·考恩或许是我认识的最具横向思维的经济学家,他谈到美国"自满阶级"(complacent classes)的兴起——厌恶风险和因循守旧的观念模式正悄然形成。在所谓的超个人主义时代，稀奇古怪的想法会受到惩罚。软件会在求职者有机会展示他们的面孔之前做出筛选。配对算法对我们的爱情生活也做了同样的事情。即使在最有活力的硅谷企业，考恩也觉察到了墨守成规。当地居民大多会在休闲牛仔便装上做一些改造，并且全都尽职尽责地把办公室门上的油漆刮掉。他们还会在工作的地方随意堆放五颜六色的脚凳。"我们正在利用信息传递的加速来减缓物理世界的变化，"考恩写道，"大多数美国人（今天）不太喜欢变化，除非他们能管理和控制它。"[25] 这同样在很大程度上适用于欧洲。考恩说，千禧一代是这种新的自满情绪的最大一批"思想载体"。因此，他们也是社会上最不容易愤怒的一代。尽管在相对拮据的环境中长大，1981年以后出生的西方人并不会像他们的长辈那样，承受过高的期望。我们其他人在未来几年可能被迫习得的东西，在千禧一代的成长过程中就紧紧伴随着他们。

这就是我们为停滞付出的代价，既有物质上的，也有心理上的。西方政治经济的另一大危机是逐渐加剧的收入不平等。西方正在经历极速的两极分化。历史告诉我们，社会进步时不平等就会飙升。这也是经济理论所决定的。

19世纪,由于新财富的所有者,如铁路、航运公司、钢铁厂和机械工业从巨额的新垄断中攫取了利益,英国和美国的不平等因而上升到令人意想不到的程度。这也是一个动荡的时代。虽然贫富差距在强盗资本家时代几乎达到了惊人的水平,但人们仍在流动迁移。英国的农场劳动者背井离乡,大规模地从农村进入工厂。美国土地上的贫困人口拓宽了西部的边界。各民族的欧洲人越过大西洋,寻求更好的生活。欧洲人口太多,土地太少。美国则处于相反的失衡境地。1880年至1890年间,西方的一次周期性萧条期间,意大利、瑞典、德国、爱尔兰和英国,每个国家有超过总人口的2%的民众通过航道进入美国。[26]维多利亚后期人口流动的数量之大,只有近几十年来印度和其他地区的国内迁徙大潮可与之匹敌。背井离乡是社会重新创造生产方式的产物。人们奔向金钱聚集的地方。

历史和理论都告诉我们,伴随着工业化造成的与日俱增的不平等,随之而来的则是社会富裕之后均质化的强大作用力。19世纪末,奥托·冯·俾斯麦在新创建的德意志帝国为工人阶级设立了世界上第一个社会保险制度。20世纪初,英国的劳合·乔治如法炮制。美国在内战之后狂热的西进运动中,向最早一批移居者提供小块的土地不动产。

如果美国当时选择将未分割的土地拍卖给出价最高者,那么美国现在则会是拉丁美洲式的庄园经济。铁路大亨们将会吞并大部分土地,并将其转化为大片的庄园。[27]美国还让渡出公共土地,在迅速开拓的乡村土地上建立新的大学。每个西方大国都自觉地向穷人传授技能、提供资产。有史以来第一次,政府扩大了公众教育的影响范围,随着工厂的时钟代替了田间时间成为新时代的计时工具,政府也提高了学校的就读年限。"镀金时代"是一个无与伦比的新财富时代,也是一个自觉推动大众进步的时代。许多民众不再是文盲。印度的经验正在表明,大众素养的提升改变了一切。虽然朗特里和卡耐基比上帝还要富有,但是他们的工人可以读书写字。安德鲁·卡耐基把大部分财富用于在美国以及他的出生地苏格兰建造图书馆。也许他做得有点过头了。在一幅报纸漫画里,卡耐基指着一个讨要面包的乞丐对他的管家说:"不要再拿钱救济穷人了,给他一个图书馆。"

战后的黄金十年证实了不平等下降的理论。但在过去的三十年间,这个趋势已经发生了逆转。在此期间,劳动力和资本之间,在美国这张经济馅饼中所占的份额大约是30∶70。[28]资本的所占份额——金融资产的回报率,而不是工资和薪水的比例——已经上升到《了不起的盖茨比》那个时代难以预见的地步。从20世纪70年代后期以来，首席执行官和其雇员平均薪资之间的差距已经从十倍增加到四百倍。[29]欧洲各国不平等的增长速度出现分化，英国和西班牙公布的衡量不平等的基尼系数增长得最快，德国和斯堪的纳维亚半岛则最慢。但是所有国家的发展趋势是一样的。与工业时代形成对比的是，今天的不平等伴随着流动性的消失。人们不仅仅是久居不迁。他们也更有可能困在同一个收入阶层中。尤其是美国，它历来是西方国家中阶层流动性最高的国家，如今却是最低的。今天，一个美国穷人要变得富有，比一个英国穷人变得富有更加困难，这意味着在美国越发不可能实现美国梦了。[30]精英领导的社会已经让位于世袭的精英制。富人的孩子极有可能还是富人。翻滚的流动性不再，我们陷入停滞。很大程度上，你的人生机遇早在你五岁时就已确立。"如果你想变得聪明和精力充沛，你要做的最重要的一件事就是选择对的父母。"罗伯特·弗兰克说。[31]唉，在今天的西方，太多人选择了错误的父母。

一个词可承载什么意义？如果这个词汇包含的道德热

情和"精英统治"(meritocracy)一样多,那么答案可谓是很多的。一个精英会把他的成功归功于努力和才能。这和运气毫不相干,他大概会这样告诉自己。他和其他所有人分享他的观点,包括那些由于太迟钝或太懒惰而无法追随其为榜样的人。只有当其他人提出不同看法时,问题才会出现。现在把这个情况放大到一个拥有3.24亿人口的国家,一个以充满机遇引以为豪的国家。想象一下,根据问题表述方式的不同,有一半到三分之二的人持反对意见。他们认为,这个制度的分化是永不停歇的。他们过去不是这么想的。想象一下,精英人士由于沉迷于他们获得的合理回报,而没有看到这个分歧。迟早会出问题。这么说夸张吗?哈佛大学大约有三分之一的传承生(legacy applicant),也就是父母曾就读于该校。布鲁金斯学会的理查德·里夫斯把他们称为"囤梦者"。[32] 从天资的角度衡量,美国收入位居前40%的阶层中几乎有一半人受惠于家庭背景:想想无薪实习和家族人脉的价值,想想昂贵的周末家教为你的前途做出的贡献。如果收入最低的五分之一的人拥有相同的人生机会,那么他们中相当比例的人将会跻身上游。根据哈佛大学的一项研究,美国精英大学里来自收入位居前1%背景的学生比收入排名后60%的学生还要多。[33] 大约每四个最富的美国人中就有一个就读过精英大学,与此相比,收入水平位于后 20% 的人就读比例仅有 0.5%。说到底,最大的决定因素是你出生的那张床。所以说,失败者为什么不生气呢?

失败者的人数比以往更多了。根据盖洛普的数据,2000 年有三分之一的美国人把自己描述为社会底层。到 2015 年这个数字已经上升到将近一半。[34] 正如我们预期的那样,在人们的自我认知中,工薪阶层正在飞速发展壮大,而非不断消亡。在许多方面,这些对自我认同的调查,传达出的意涵远远超过一堆有关收入中位数或收入不平等的统计数据。它们表达了人们被排斥在社会之外的感觉。这是一种非常"不美国"的心态。与多数类似的趋势一样,西方的悲观主义倾向反而在这片充满乐观主义的土地上表现得最为激进。英国社会学家迈克尔·杨在 1958 年的作品《精英统治的崛起》一书中创造了"精英统治"这个词,事实证明了他的论断。他起初使用它是为了讽刺想象中的未来的统治阶级,不过没过多久这个词就失去了讽刺意味。迈克尔·杨在 2001 年一篇批评首相托尼·布莱尔滥用该词的文章中说道,统治精英"自命不凡得令人生厌"。[35] 与此同时,其他人则"很容易在那些生活阔绰之人的鄙夷眼神中意志消沉"。迈克尔·杨预测,到2033年,他所谓的精英统治社会会在自身矛盾的冲击下崩溃。事态发展得可能会比这还快。难怪我们政治的基调已经从期待转变为明显的怀旧了。[36]

与早期的工业革命不同,今天的穷人并不是有意识地背井离乡。相反,他们因为身价过高,不知不觉中被家乡抛弃。他们正在沦为缓慢发展的"绅士化"(gentrification)的受害者,或是美国电影制片人斯派克·李所说的"混账的克里斯托弗·哥伦布综合征"的受害者。[37]在美国,他们把这种逆转称为"白人大迁移",指郊区富人的后代重新迁回城市的中心或行政区,而他们的父母或祖父母则在战后逃离了这些区域。"绅士化"这个词是由英国学者鲁思·格拉斯(Ruth Glass)在评论伦敦20世纪60年代的早期趋势时创造的。今天,没有一个伦敦行政区中工薪阶层占据多数。越来越多的英国穷人生活在郊区或"贫民窟",而不是现今的城市里。[38]这就造成了一种新的贫穷现象,这种情况下贫困人口越来越被忽视。这种物理层面的分隔符合劳动力市场的两极分化。富人和穷人不再比邻而居,中产阶级则被掏空。在1970年,只有七分之一的美国家庭生活在明显"富裕"或"贫穷"的社区里。[39]到2007年,这一数字上升到将近三分之一。"说到底，郊区危机反映了廉价增长时代的终结。"顶尖的城市复兴学者理查德·佛罗里达说。[40] 时过境迁，城市无章法的扩张不再意味着增长。它意味着隔离。因此，自从世纪之交以来，美国城市的谋杀率下降了 16.7%，而在郊区则上升了 16.9%——这几乎是一幅精确的镜像图景。[41] 郊区贫民窟导致了一种新的贫穷形式：人们不得不花大量的时间从一份兼职开车赶赴另一份兼职。你在交通上浪费的时间越多，你就越有可能患上高血压、糖尿病、焦虑症和肥胖症。总在车里待着的生活对你的预期寿命不利。正如我们所看到的，它也可能会严重扰乱你的政治心态。

西方的大都市正处于最重要的复兴阶段。这些文化中心和全球化城市彼此间的共同之处比它们与国内穷乡僻壤间的共同点还要多。质疑这一点的人在 2016 年认识到了错误。差不多三分之二的伦敦人投票支持留在欧盟。英格兰和威尔士的其他人不同意。尽管伦敦人口不到英国总人口的七分之一，但却占有国内生产总值的将近三分之一。同样，美国最富裕的 493 个区县投票给了希拉里·克林顿，它们几乎全部位于城区。[42] 其余的 2623 个区县，其中大多数是郊区或小城镇，选择了唐纳德·特朗普。西方的城市与其他区域之间的差距也许是新的分化中最纯粹的表现形式。今天,芝加哥像伦敦一样,吸引了中西部地区最优秀的人才——中西部地区支持特朗普的呼声最高。过去,芝加哥扮演着地区性火车头的角色,从中西部购入农产品和其他原材料,然后将其转化为产品。这座城市与周围的地理环境紧密相连,反之亦然。现在它很大程度上悬置在周边区县的上空。某种程度上,它也寄生在它们身上。[43]

就像担心就业流失的伦敦正在网罗全英国的人才一样,芝加哥现在也在从美国的小城镇中夺取最优秀和最聪明的人才,并将他们融入全球经济。芝加哥的成功不再与其农村邻居息息相关。它以牺牲后者作为代价。与伦敦一样,芝加哥从前的中产阶级也越来越难以跟上成本上涨的步伐。随着受教育程度最高的人迁往全球化的城市,资历不够的人发现自己被拒之门外。西方以外新兴的全球化城市,如迪拜,通过从贫穷国家输入劳动力,并且提供给他们可随时注销的签证来解决这个问题。伦敦和芝加哥等西方城市没有这种奢侈品。2011年,时任伦敦市长的鲍里斯·约翰逊看到了这种方式不利的一面:首都附近连续几天发生暴力骚乱事件,暴徒砸碎商店,点燃汽车,掠夺不属于他们的东西。五年后,英国被抛在社会底层的民众在脱欧公投中否决了伦敦的经济利益。对于西方的经济输家而言,像伦敦和芝加哥这样的城市并不像星球大战里的死星(death stars)那么有吸引力。

西方蓬勃发展的城市蕴藏着一个讽刺,那就是其中更为幸运的居民为进步的世界观开出了不少空头支票。我们真的不能要求精英变得更好了。甚至他们花的钱从来没有取得进步的效果。我们对多元文化城市倾注的关注,折射出我们寡头政治的现实。在美国,一个城市的政治越自由,不平等率就越高。[44]最显著的例子如旧金山和纽约,它们被保守派妖魔化为极左政治的堡垒。比尔·白思豪在怒斥了"双城记"后,当选了纽约市的市长。但他几乎没有缩小经济上的鸿沟。迄今为止,白思豪的努力表明,要面对着经济大潮逆流而上究竟有多么困难。他给纽约新建的豪华公寓大楼提供了税收优惠或是免缴,前提是它能将自己的部分空间分享出来,为经济情况欠佳的人提供一个可负担得起的住宅。第一个这样的项目位于曼哈顿的林肯广场,它为低楼层的住户建造了一个单独的入口,这个入口很快就被称为"穷人入口"。[45]尽管开发商赚取了减税优惠,但是有钱的业主更愿意维持一个社会隔离的系统。社会福利住宅的居民不仅被迫单独出入塔楼,他们也被拒绝使用健身房、游泳池和其他设施。在旧金山,这座堪称美国最自由的社会政策的创意工厂,超过六成的房子现在价值超过100万美元。正如理查·佛罗里达所说:"在美国,你的邮政编码越发是你命运的写照。"看看在英国脱欧公投前几周收到委任当选伦敦市长的萨迪克·卡恩是否比白思豪有更好的运气,这无疑是件有趣的事。胜算赔率对白思豪不利。

就业市场描摹出不断加剧的不平等情形。蓝领岗位就业增长最快的领域是安保行业——私人警卫、警察和其他穿制服的职业,他们保证了富人社区的安全。自20世纪90年代以来,该行业雇佣的劳动力(包括监狱看守)的份额上升了近三分之一。[46]在美国,这一增长更加鲜明。西方城市也是全球亿万富翁选择置产的地方。纽约有116名亿万富豪,伦敦有51个,洛杉矶有50个。[47]他们中的许多人只是偶尔居住在那里。高级警官和学校校长作为城市至关重要的工作者,因为物价过高选择在市郊定居,取代他们的,是四海为家的全球主义富人阶层。纽约空置公寓的数量在世纪初增加了近四分之三,到2011年增加到34000个。[48]伦敦也经历了相似的增长。新的居民通过限制土地的使用来锁定收益,从而保持价值居高不下。理查·佛罗里达称他们为"新的城市勒德分子",他们利用"庞大而复杂的土地使用分区法案和其他土地使用法规"把他人阻挡在外面。泰勒·考恩创造了一个新的词"Banana"来取代"邻避效应"(Nimby,即 Not in My Backyard 的缩写),意思是不要在任何地方建造任何设施(Build Absolutely Nothing Anywhere Near Anything)。[49]

这种对风险的厌恶孕育了其自身的失败。理查·佛罗里达调整了他之前广受称赞的论文中关于创新阶层兴起的观点,他认为"绅士化"已经根深蒂固。城市在追求自身利益方面太成功了。直到不久前,他还认为城市将会成为新经济的发动机,拥抱吸引人才所必需的多样性。这些肯定会发生的。同性恋的骄傲游行似乎每年都会越发盛大。多彩的跨文化花朵正在盛放。然而,在避免收入差异化的同时,新的城市经济也在关闭偶然性的通道。西方的全球化城市就像被愤怒的海洋包围起来的热带海岛。佛罗里达最新的书名为《新城市危机》(*The New Urban Crisis*)。全球巨型城市的特征不是由那些定居于此的人塑造的,而是越来越受到在此投资置业的全球超级富豪的推动。许多创新阶层正在被淘汰。城市中心转变成"死气沉沉的纪念品区域"。纽约一度是波希米亚风格的苏豪区(SoHo),现在以高端精品店，而不是艺术家的工作室而出名。苏豪区如今遍布世界上的任何一座大城市中。"超级明星城市和技术中心的价格如此高昂，以至于它们转变成了镀金和封闭的社区，"佛罗里达预测说，"他们的创新力和开创性火花最终会消失。"[50]卡尔·马克思错了：是富人失去了他们的国家，而不是无产阶级。全球城市与国家支柱之间的鸿沟已经成为我们时代的隐喻。相比之下，机器人经济的崛起只达到我们所预期的一半。很容易把硅谷的狂热言辞斥责为科幻电影之类的东西。但是科幻与现实之间的差距正在缩小。全球化的短期影响已经动摇了西方的团结。人工智能的未来带来的挑战可能要大好几个量级。

我们经常催眠自己，说技术是每个人的朋友。假以时日，这些机器最终会为我们所有人工作。可以肯定的是，效率的巨大飞跃，比如农业机械化，会造成大规模的人艰难地背井离乡。我们知道这一点，但是社会总在调整。就像马车夫在工厂里找到工作，或是农场女工将自己重新塑造为办公室助理一样，数字革命将会创造新的工作，取代它正在毁掉的工作种类。历史告诉了我们这一点。经济理论也是如此。所以把自己哄睡着吧。自有好的力量在起作用。

我们总是重复这样的话,说我们应该对此保持深度的怀疑态度。可以想见,我们可以共同努力,确保每个人都能在超级自动化的未来中获得利益。但是,这个愉快的遐想中还有一些漏洞。数字革命仍处于起步阶段,而我们却已经把玩具扔出了婴儿车。从政治社会层面上说,与数字革命开始时相比,我们离一个合理的解决方案更遥远了。

与工业革命不同,这次变革发生在高度民主的世界。当然,彼得·蒂尔是对的,Twitter无法和印刷术或飞行汽车的发明相提并论。但他也错了。在我们生活的世界,就连最愤愤不平的人掌握的数字力量都比把阿波罗14号送入轨道的电脑还要强。工业革命产生于非民主社会,或是像英国和美国这样的半民主社会。更重要的是,维多利亚时期的精英通过扩大选举权来赢得社会和平,对维持经济具有意义。我们的精英打算为这个时代付出怎样的代价?

鉴于数字经济的传播速度如此之快,我们的政治越早迎接挑战越好。"去西部吧,年轻人"是19世纪最好的职业建议。今天对应的建议可能是"拿个工程学位",但它不一定会赚大钱。有三分之一毕业于STEM学科(科学、技术、工程和数学)的美国人从事无须相关背景的工作。[51]他们还必须还清助学贷款。美国到处有程序员在做着办公室临时工甚至快餐服务员的工作。在人工智能时代，越来越多的人会被渐渐淘汰。就现在的迹象而言，最新的技术革命在驱动力方面和以往不同。早期技术革命的破坏力只影响到特定的经济领域，形成对比的是，如今革命的效应是多方面的。从门卫到外科医生，几乎没有工作不受影响。无论你被训练成为航空飞行员、零售业助理、律师还是金融交易员，节约劳动力的科技都在削减从业者的数量——在某些情况下急剧减少。2000 年，纽约的金融服务业雇用了 15 万人，到 2013 年已经下降到 10 万。在这一时期内，华尔街的利润飙升。高达 70% 的股票交易如今由算法完成。[52]

再来看看社交媒体。2006 年，谷歌以 16.5 亿美元收购了 YouTube。后者当时拥有 65 名员工，因此每个员工的价值高达 2500 万美元。2012 年，Facebook 以 10 亿美元的价格收购了拥有 13 名员工的 Instagram，员工人均价值达 7700 万美元。2014 年，Facebook 又以人均 3.45 亿美元的巨资收购了拥有 55 名员工的 WhatsApp，总价值 190 亿美元。[53] 对于成千上万找不到工作的工程师来说，这些财富不能带来丝毫慰藉。Facebook 的数据服务器现在交给 Cyborg 管理，这是一个软件程序，每两万台电脑仅需要一名技术人员。几乎所有坐在屏幕面前从事信息操作的工作都在消失，或即将消失。软件现在可以开车，会批改学生作文。通过将新经济的收益倾斜给一部分人，机器同时削弱了经济增长的首要动力——中产阶级的需求。当劳动力比机器更贵时，消费能力就会下降。与1998年相比，美国如今同样规模劳动力的经济生产力增加了三分之一，人口也显著增长。人们获得学位仍是有道理的。本科毕业生的收入高于仅有高中毕业文凭的人，但他们的回报正在下降。美国应届毕业生的平均薪资水平从2000年的5.2万美元降至2014年的4.6万美元。[54] 研究生的薪资水平固定不变。高等教育绝不是一个笼统的解决方案。不是每个孩子都是失意的爱因斯坦，有些人更适合当熟练的工人。

技术往往被视为独立于全球化的一支力量。实际上，它们是一回事。全球化的第一个重要阶段是由蒸汽动力驱动的，直至第一次世界大战将其扑灭。把亚洲的货物航运运往欧洲，或是以同样的路径把成品再送回亚洲，可能无法盈利。它们会腐坏变质，或因花费太长时间而没法获利。在蒸汽时代之前，欧亚大陆之间的贸易仅限于少量的非易腐货物，如丝绸、香料和奴隶（西方从非洲偷运的相当高比例的奴隶在途中死亡，可悲的是，幸存者的比例仍会让这种风险投资有利可图）。蒸汽改变了这一切，革命的速度比我们想象的要快得多。1825年，英国有大约四千艘木船，却连一艘蒸汽轮船也没有。到了1860年，它掌控了38.9万吨蒸汽铁船。[55]英国的海运吨位在不到两代人的时间内跃升了一百倍。鸦片战争肇始于蒸汽革命中期，这绝非偶然。由于可以轻松地和中国进行自由贸易，寻求自由贸易的压力反而剧增。19世纪60年代，印度纺织原料出口的腾飞也不是巧合，此时正值美国蓄奴的南方地区因内战而封锁。蒸汽时代来临之后，英国才果断地抵制奴隶贸易。工业化让奴隶所有制变得不再有经济效益。使用采棉机这种免费劳动力所实现的效率远高于使用奴隶。蒸汽动力赢得了这笔交易，它也改变了政治和外交。19世纪初，托马斯·杰斐逊从美国当时的首都费城前往他在蒙蒂塞洛的庄园，需要花费两个星期。1850年时乘坐蒸汽火车，同样的旅程可以在一天之内完成。[56]常言道，人类的故事是由眼泪书写的（应该加上，还有喜悦）。这话不错。它也是由技术丈量的。

谁会对我们这场颠覆的结局持有异议？虽然改变的过程很痛苦，但工业革命最终提升了西方所有人的生活水平——如今覆盖了全世界数十亿人口。然而，关于技术未来的争论远未达成共识。一些经济学家认为，机器人和人工智能对未来的影响被过度夸大。如果他们是对的,那对于一大批以驾驶卡车、货运车辆、出租车和靠 Uber 汽车等交通工具谋生的司机来说是个好消息。这对我们政治的未来无疑也是一种解脱。如果算上兼职工作者,那么如今在美国和英国依靠驾驶为生的工人比在制造业岗位上工作的人还要多。[57] 欧洲大陆的相关从业人数差异很大——比如说,德国人在制造业工作的比例较高。但是,自动驾驶汽车的出现对德国的影响仍然很大。无论你在哪里,大多数司机都是男性。虽然我尽量避免根据性别一概而论,但可以公平地说,男性在工作方面的惯性导致他们比女性更难适应突然的变革,并且更容易在政治上发泄他们的愤怒。谁质疑这一点,我就卖给谁一辆飞行汽车。同时,提醒你自己,制造业岗位的流失对西方政治产生的影响。超过一半的特朗普选民都是男性。英国脱欧的支持者也是如此。

据说棒球传奇人物尤吉·贝拉说过,做出预测很难——特别是关于未来。经济学家罗伯特·戈登显然没有听过这句话。他的新书《美国经济增长兴衰录》中令人瞠目的预测在硅谷并不怎么受欢迎。他说,未来不同于过去。高速增长和颠覆性技术的高峰时代已经过去。忘掉 iPhone 的魔力。停止对Google无人驾驶汽车的狂喜。和前几代人所感受到的变化相比,这些奇迹苍白无力。它们和我们的时代不太匹配。戈登的论点并不是全新的。泰勒·考恩在他夺人眼球的专著《大停滞》(讽刺的是,这部作品最早以电子书形式出版)中表达了类似的论点。对于我们这些塞满APP、沉浸在WiFi中的21世纪大脑来说,它听上去也没有那么反直觉。戈登指出,历史上多数时期增长都是缺位的。从罗马帝国的衰落到中世纪之间基本上没有增长。英格兰的人均收入在1300年到1700年间才翻了一番,增长速度缓慢到难以察觉。[58]大多数人生活艰辛到无法想象。直到19世纪才发生了改观。

换句话说,快速增长是近期发生的突变,而不是常态。对于印度和其他国家来说,今天的高速增长是一个历史性的转变,未来也会进入平台期。不妨构想一下1870年典型的美国家庭(或者是今天非洲和印度的大部分地区)。它位于农村,经常在偏僻的角落。将近四分之一的儿童可能会在婴儿期死亡。其余的人如若幸运,能够活到50岁。他们会花大量的时间从井里打水、捡柴火点炉灶、用粗布制作衣服,忍受各种无法治愈的疾病的突然来袭。大多数出行方式都是骑马。至少860万的体力劳动者在美国四分之一农业用地上劳作,生产马饲料。[59]那些可以阅读的人通过书信通讯,用鲸油或煤油提供光照。戈登说:"他们的劳动成果任凭干旱、洪水和虫害侵袭的摆布。"换句话说,之前的世世代代除了污秽的日常生活,几乎没有什么值得一提。接下来是巨大的跃进。商业用电、内燃机、青霉素、合成物、冰箱和电话(随口说几个新的奇迹)从里到外改变了人们的生活。土地被解放出来为人类生产食物,马粪的臭味从大街上消失匿迹。自来水和天然气进入了千家万户。托马斯·爱迪生发明的电梯为摩天大楼的矗立打下了基础。到1950年,只有1%的美国孩子在婴儿期死亡,其余的人可以活到70岁以上。[60]这时几乎所有人都识字。旅途从几个星期缩短到几个小时。在历史的转瞬之间,生命的境遇从险恶、残酷、短暂变为愉悦、明亮和相对漫长。如果你仍然认为我们时代的颠覆性改变不过是1870年后发生的革新的翻版,不妨问问自己要先放弃哪样东西?你的iPhone还是冲水马桶?笔记本电脑还是抗生素?如果你难以回答这些问题,想想没有电的生活。把以前发生的一切视为理所当然,这是我们时代唯我论的一个衡量指标。[61]

1870年至1970年是西方生产力增长最快的一个世纪,收入增长的速度比以往任何时候都快得多。它们超过了我们在西方曾经目睹的一切。除却20世纪90年代数字革命对于我们电脑桌面（desktop）的冲击，在过去的半个世纪里，生产率增速急剧放缓。美国从五六十年代平均每年2.7%的增幅，下降到过去十年的1%以下，收入增长也因此放缓。2014年美国家庭收入中位数为50600美元。如果保持1970年以前的生产率增长，那么这个数字应该是97300美元。[62] 我们已经进入到一个减速期，在戈登看来，未来还会进一步减缓。这是他的论点引起争议的地方。诸如埃里克·布莱恩约弗森和安德鲁·麦卡菲这样的乐观主义者认为，未来正在加速到来，总体上会带来令人满意的结果。他们的书《第二次机器革命》（*The Second Machine age*）认为，自动化的增强将会解放劳动力，促进更加有趣的爱好以及休闲。这真是个富足的愿景。

我最近听到一位著名的硅谷投资人把怀疑者贬损为无知的人。他的论点指向虚拟现实、人工智能、基因工程等领域异军突起的技术独角兽们（估值超过10亿美元的私人创业公司）。他说，至少会有一个产品像iPhone一样具有跨时代的意义。事实上，悲观主义者的失望情绪给虚拟现实头盔、无人驾驶汽车和机器人技术的出现留足了空间。他们说，新技术的影响无疑是显著的，但不会改变游戏规则。如今的医疗进步只会加剧经济停滞。新近的进展是在治疗身体疾病方面,从而延长了那些能够付得起医疗费的人的生命。在治疗精神疾病方面,如治愈阿尔茨海默病,却没有类似的突破。如果活得长久伴随着精神上的无行为能力,这对生产力可没有好处。技术可能会继续以炫目的方式出乎我们的意料。但是,如果 iPhone 没有提高生产率,哪一项发明又能做到呢?也许是 3D 打印?或是低温保存人体实现永生?

起初,我担心戈登的悲观论点是恰当的。硅谷草率的未来学家让人很容易把未来误解成是一派胡言。现在我担心戈登是错的。我们应该小心对待我们希望的事情。看上去我们越来越有可能得到它。要理解这一点,还是要把世界当作一个整体。上一代的西方蓝领工人面临的问题是,日常的体力劳动转移到了发展中国家的工厂车间。运输成本持续的下降促成了这一点。20 世纪的最后三十年,飞机、超级油轮和机械化港口所起到的作用,相当于 19 世纪的蒸汽。21 世纪通信技术的发展推动西方企业在今天的知识经济中做出同样的进步。公司通过多元化全球供应链所能够达到的离岸外包能力不再局限于实物商品。短期内西方不需要担心人工智能的问题。这正是鲍德温所说的远程智能。

在某些方面它已经实现。过去的二十年中，印度和菲律宾获得了电信革命的回报，在呼叫中心和技术支持服务上创造了低技能的服务业岗位。这些工作现在正岌岌可危。正如风险投资家马克·安德森（Marc Andreessen）所说："软件正在吞噬这个世界。"最近有多少次和你通话的是电脑，而不是印度口音的客服？我想，比前几年要多很多。自动语音软件正在取代人类，印度因此被迫产业升级。下一代离岸外包岗位将致力于更复杂的任务，比如提供医疗诊断，撰写法律简报，远程监督工厂，以及进行消费者的数据分析。事实上，这一切已经在发生了。

虚拟出席和全息远程的技术革新速度正在开启整个领域。语言翻译软件的快速发展也是如此（印度应该留意：中国相对薄弱的英语能力如今不再是劣势）。在西方，我们有一半的时间在为低技能移民发愁。我们同样也应该担心高技能的离岸外包。在远程智能的冲击下，某些类型的医生和建筑师的地位就像工厂的工程师或是呼叫中心的操作员一样脆弱不堪。具有讽刺意味的是，理发店和美甲店里的一些最低薪的工作却是最安全的。无论你的虚拟服务提供商多么机敏，很难想象她会如何帮你理发。在不久的将来，技术将把更多有利可图的西方服务业转移到发展中国家。除此之外,人工智能威胁着要吃掉全世界的午餐。中国的工厂岗位已经向机器人开放。同样地,每个国家的服务业最终都会卷入这场游戏中——它开始于西方,并且仍在这里持续进行着。

最大的问题是:它会走多远?远比我们认为的要远。麦肯锡全球研究院估测,西方劳动力的五分之一到三分之一已在从事独立工作,其定义是"短期、计件和自主"。自主就业的社会趋势仍处于起步阶段,但是它涉及的总人数已经达到1.62亿。[63] 这些人要么是完全自主就业,要么是在全职工作之外还有兼职。越来越多类似的工作是在网上完成或找到的。大约三分之一的人从事独立工作是因为他们想要为自己工作,比如网页设计师或艺术家。他们是最不需要担心的人。实际上,我们中许多人可能会羡慕他们的自由。但是,还有三分之一是全职的独立工作者,因为他们经济拮据。换句话说,目前已有大约5000万西方人靠零工经济(gig economy)维持生计,他们是出于生活需要而不是个人选择。法国和西班牙的独立工作者比例最高,几乎有三分之一的劳动力是全职或兼职独立工作。美国和英国的比例略低于四分之一。最大的平台都是家喻户晓的公司,如Uber拥有100万名驾驶员,Freelancer.com拥有

1800万用户,爱彼迎(Airbnb)拥有250万登记住房。较小的包括跑腿兔(Task Rabbit),人们可以在上面打各种各样的零工;Hourly Nerd可以让软件和财务专业人士兼职帮你整理电子文件或是办税。并非所有人都身处财务困境。有些人靠着在网上出租自己的公寓,收入颇丰,还避免了整理床铺、准备早餐这样让人头疼的繁文缛节。

不过,更多人是由于低薪或是裁员而被迫进入非正规的就业市场。它们是大衰退以来就业增长的全部来源。美国自2008年金融危机以来,正式就业人数每年缩水0.1%。美国所有的新岗位都是由独立工作产生的,每年的增幅达到7.8%。[64] 下一次经济学家再去吹嘘美国的低失业率时,请记住这个数字和过去的含义早就千差万别。这不再是你父母所处时代的经济,甚至和你姐姐的都不一样。零工经济并非由千禧一代主导。在英国,从事独立工作的更多是领取养老金的人,而不是30岁以下的人。在美国,年龄在64岁至75岁的人口的劳动参与率在过去十年中上涨了4.7%,同期总体劳动参与率则是下降的。[65] 我们称之为共享经济。但是,老年人在这类工作中占如此高比例的事实表明,社会福利的减少确实起了影响。随着养老金和社会保障的实际价值下降,推迟退休的压力也在增加。再次提醒，我们应该留心不要一概而论：有些老年人去工作是因为他们喜欢。不过，我们也不应该把现状浪漫化。自动化时代让劳动力越发可有可无，所以企业也在持续探索裁减人员的方式。新经济创造了让人们能在线提供服务的数字化平台，然而他们找到的东西远不如他们失去的确凿。这样的工作不提供医疗保健或相匹配的退休金，也不总是支付工资。美国将近四分之三的独立工作者表达过，他们在追讨应得的报酬时遇到过严重困难。平均拖欠金额是6000美元——对于那些收入不稳定的人来说可是笔大数目。几乎一半的美国人在不借贷的情况下根本没法支付400美元的医疗急救账单。[66]麦肯锡对未来独立工作的预测既有启发意义又令人不安。据其估计，每个西方家庭平均每天可以节省3.2小时，如果他们把开车送孩子上学、跑腿、购物、做饭、洗衣和照看宠物等工作在线外包给临时工的话。总的来说，这会创造700万个新的就业机会。麦肯锡计算，有价值1000亿美元的无偿家务劳动应该外包出去，这需要长达12亿小时的工作时间。花两秒钟计算一下，这个收入只有每小时8美元——远低于西方大多数地方的最低工资。这样的变化对于那些负担得起的人来说无疑不错，但很难算得上是一个鼓舞人心的数字化驱动的工作图景。

我们经常自欺欺人地认为颠覆性经济是由创造力驱动的。但是其中大部分不过是数字网络在任何领域的极致应用。我们对未来的梦想是由网络乌托邦人士呈现的。不过对于大多数人来说，今天的现实并不那么富有魅力。记者的工作正逐渐让位给算法"内容农场"，后者基于能被推送到谷歌搜索页顶部的关键词生产新闻。广告代理人因为移动社交媒体广告而变得多余，这些广告确切地知道你的位置，并将它们的投放与你的位置相匹配。Facebook现在可以在专门针对你的广告中使用你朋友的面孔。虚拟技术的先驱杰伦·拉尼尔，硅谷最有声望的人之一，用希腊神话里的动物名称，把那些垄断消费者数据市场的大公司命名为"海妖的侍从"。[67]我们其余的人就是被引诱到岩石上的水手。为了进入社交媒体，我们无偿地交出越来越多的个人数据。

这种交换变得越发一边倒。我们的许多工作被这种看不见的交易压榨——即便不是我们的岗位，我们的收入也受到了影响，似乎从来看不到涨薪。其结果是降低大多数消费者的支付能力，使得实体经济的价值缩减。即使对于"海妖的侍从"的拥有者来说，这也终将证明是事与愿违。"新经济，即信息经济的主导原则，近来已经消解了信息还有一切东西的价值,"拉尼尔说,"普通人将会一文不值……而那些离高级计算机最近的人将会超级有价值。"过一阵子,数据精英们可能也会感到处境艰难。他们的商业模式与亨利·福特所做的相反,后者给工厂员工的工资提高到每天 5 美元,这个金额在 20 世纪 20 年代可以负担得起一份舒适的中产阶级生活。三十年后,当福特开始投资自动化时,他改变了这个模式。在与汽车工会领袖沃尔特·鲁瑟一起参观工厂时,福特指着机器说:"你打算怎么从它们那里收取工会会费?"鲁瑟回答说:"那你打算怎么让它们买你的车呢?"[68] 这是个好问题。今天我们可能会问 Google 或 Facebook 同样的问题。新经济需要有购买力的消费者——就像之前的经济一样。然而,就像吃玉米种子的农民一样,大数据正在吞噬掉未来收入的来源。"这不是什么邪恶阴谋导致的后果,"拉尼尔写道,"而是幻想着技术变得智能且无须人类自给自足的愚蠢想法的副作用。"

无论你是听信乌托邦还是反乌托邦的说辞,所有人都认为有更多的职位面临着被淘汰的风险。麦肯锡说,现有工作岗位中将近一半都难以抵挡机器人的冲击。我们还没有足够的技术来适应。今天入学的三分之二的儿童将来会从事目前根本不存在的工作类型。还没有人找到改革措施。

欧洲和美国的民粹主义者希望把时钟拨回到男性主导和西方占统治地位的时代。他们愿意牺牲全球化的成果——冒着和发展中大国发生冲突的风险，保护业已消失的岗位。民粹主义者不怎么谈及自动化，尽管它对人们工作的威胁远大于对贸易的威胁。左派则极力主张采取渐进式举措，比如更好的在职培训、更智能的学校和基础设施。这些确实是值得的投入，但它们有点像为治疗癌症开阿司匹林的处方。在希拉里·克林顿竞选总统失利之前，她被问及结构性失业率上升的问题时说："我没法立刻回答你的问题，没有简单的解决办法。"即使是非民粹主义者的右派人士也宣布放弃。主张自由放任政策的贝克研究所在对未来工作的研究中，承认它"无法基于自由市场找到任何解决方案"。精英们放下了他们的忠诚，而工人正在努力高举国旗：这根本不是一幅社会和平的图景。"富人生活在封闭的社区、牢固的围墙院落里，无人机为其提供安全保护，彼此间有无人驾驶汽车联结。"两位极其尖锐的政治学家雅斯查·蒙克和李·杜特曼预测道，"前所未有的智能监控技术还会帮助监控外界不满分子的活动……"[69] 全世界的精英团结起来！你们输不起！

每年一月份,达沃斯论坛上的发声听起来并不太了解外面世界发生的事情。2016 年,它担心大规模疾病的威胁,而埃博拉疫情正在消退。2015 年,它的年度报告还沉浸在上一年俄罗斯出兵克里米亚后地缘政治的回归。[70] 2006 年的首次报告中,它因为亚洲流感危机以及伦敦地铁袭击事件,因而对流行病和恐怖主义风险忧心忡忡。诸如此类,达沃斯专注于通过近期的突发事件来预测未来。

我们都对此感到愧疚。但是,达沃斯素来以它的传统智慧著称。乔治·奥威尔说过:"清晰明了的语言的最大敌人是虚伪。"全球精英用这种方式隐瞒了不少东西——尽管我认为他们主要是欺骗自己。我们的精英越是号召"思想领袖"和"颠覆性思维",他们似乎就越不说话算数。诸如市场弹性、全球治理、多方利益相关者合作以及数字化广场等流行术语可以解决所有问题,不论问题的本质是什么。太多战争?我们需要更多的合作。新的高危全球疫情?更多利益相关者的参与。民粹主义者的反抗撼动西方世界?我们必须重建对于全球治理的信任。

针对每一种风险,达沃斯提供了千篇一律的解决办法。大部分抑扬顿挫的措辞听起来无伤大雅,但是这种词汇与密切关注公众舆论的世界观背道而驰。民主绝不是一种疗法。如果中产阶级心怀愤懑，他们应该更加近距离地倾听。这是达沃斯 2015 年关于经济民粹主义的解决方案："如果没有信任，就无法在国际层面做出决定。然而，这一责任不仅停留在政治层面：跨国公司和消费者也可以发挥作用，强化鼓励全球合作的论点，从而面对日益增长的优先考虑国家经济利益的压力。"[71] 翻译一下：民主国家必须多听一听跨国公司的声音。追求国家的经济利益总是一件坏事。再就是达沃斯解决多极失序的方法："管理这种风险需要灵活性、全新思维和多方利益相关者的沟通。"不需要翻译了吧——不过通过这些，大体了解一下达沃斯始终强调我们所需要的"全新思维"是什么，也是件好事。

来自瑞士阿尔卑斯山的观点和现实之间的鸿沟不断扩大。考虑到前一年大选的冲击，2017 年的展望是迄今为止最好的例子。这是达沃斯对于撼动欧洲和美国政治的移民危机的解决方案："一定程度上，和移民相关的文化上的挑战可以通过更好的沟通变革来解决：数据显示，如果政治家强调同化已经发生，那么选民会改变他们关于社会文化变革的看法。"[72] 这意味着，我们需要找到更好的方式告诉民众，事情进展得有多么顺利。以下是达沃斯对西方民主危机的疗法："其中一个可能的解决方案是在治理的过程中更好地利用技术——不仅要以更快、更透明、更包容和以消费者为导向的方式提供服务，还要建立一个领导者与民众之间更能够直接交流的'数字化广场'。"[73] 因此，政治家们应该花更多时间在线上。达沃斯也许应该先读一读人们在互联网上的评论。有人调侃唐纳德·特朗普用 Twitter 造势的竞选："这就像是总统竞选的评论区"。如果这被认为是领导力，那么追随力（followership）听起来怎么样？达沃斯已经成为全球精英的徽章，失去了倾听的能力。

我以回忆柏林墙的倒塌作为本书的开篇。十年后，我受雇于在克林顿政府中出任美国财政部长的劳伦斯·萨默斯，担任其演讲稿的撰稿人。回顾过去，我对那个时代坚定不移的自信心倍感震惊。这是华盛顿共识的关键时刻。萨默斯和美国联邦储备委员会主席艾伦·格林斯潘，还有前财政部长罗伯特·鲁宾同为全球知识精英的代表人物。虽然萨默斯时常出言不逊，但他是个聪明人——尤其是当他做错的时候。事态发生变化时，他也能转变自己的观念。到了 2008 年，他已经走出了 20 世纪 90 年代后期大多数人的胜利主义心态。萨默斯抱怨正在壮大的"无国籍精英，他们效忠于全球经济的发展和他们自身的飞黄腾达，而不是他们所在国家的利益"。[74]到2016年,他警告说,公众对于专家意见的宽容度"似乎已经消耗殆尽"。他提倡一种新的"负责任的民族主义",它将会"立足于政府最基本的责任是使公民福利最大化这个想法,而不是追求一些抽象的全球利益概念"。[75]换句话说,全球精英阶层需要追赶上大多数人看待这个世界的脚步——而不是相反。我相信,萨默斯的话现在看来更接近事实。

根据"世界价值观调查"(World Values Survey)的数据,人们对其国家的认同感要比对于全球的认同感强烈得多。只有两个国家例外,一个是哥伦比亚,有不止一代人在这里遭受着残酷的内战的蹂躏;一个是安道尔,其人口还不足八万人。我们向全球机构出让的权力越大,反对全球化的声音就越汹涌。世界顶尖的国际经济学家之一丹尼·罗德里克谈到了全球的三元悖论。[76]我们不能同时追求民主、国家决断和经济全球化。它们互不相容,必须放弃其中一个。根据1995年前通行的旧关税和贸易总协定(GATT),任何国家都可以自由地否决任何协议,而如今民主国家的诉求经常被世贸组织的上诉法院驳回。例如,欧盟反对进口转基因食品和注射激素的牛肉,却被世贸组织否决,尽管它承认科学对此也有争议。如果世界上最大的贸易阵营经由民主做出的决议都可以被一群未经选举的贸易法官撤销,那么不难想象其他国家的遭遇。

留给民主国家的空间正在收缩。曾经坚守着国家主权的广大地区现在正遭受国际法和全球监管的穷追猛堵。达沃斯论坛的本意是突破民族国家的边界,进而推动政策的制定。解决欧洲问题的答案总是更加欧洲化。解决抵制全球贸易的答案总是让贸易协议更畅行有效。毫不奇怪,民主国家现在不愿意正式签署此类协议。上一次在西方举行严肃的世界贸易谈判还是1999年,在西雅图。因为示威者的抗议,它被迫中断。全球领导人的下一次尝试是在2002年,选择在阿拉伯湾没有异见分子的安全地带。多哈回合(Doha Round)几年之后陷入僵局。现在唐纳德·特朗普扼杀了跨太平洋伙伴关系(Trans-Pacific Partnership),这个协定是由乔治·W.布什发起,并由巴拉克·奥巴马完成。特朗普还把克林顿时代的北美自由贸易协定撕成了碎片,并且埋葬了跨大西洋协议的希望。与此同时,英国正在脱离欧洲单一市场。

世界精英在他们担心的事情上推波助澜,激起了一场反对世界经济的民粹主义抗议。随着新技术的影响的显现,全球化即将发生逆转。罗德里克在哈佛的课堂上为学生们提供了一个选择：我们应该将民主加以全球化，还是限制在国内？学生总是强烈支持全球民主。但是，如果它在欧洲层面不起作用，在世界范围内又有多大的可能？数字化民主（digital democracy）同时也是一个空洞的口号。专制作为另一种选择前景黯淡，尽管各式各样的国家都在朝其演变。这给我们留下了一个实用的选项：放弃推进深度全球化。罗德里克称之为"薄弱的全球化"。我更愿意把它视为自由民主的最后机会。这可能是挽回全球和平秩序的唯一现实方式。20 世纪 90 年代，《纽约时报》专栏作家托马斯·弗里德曼因为柏林墙倒塌后出现的美好新世界，提出了著名的"金色紧身衣"（Golden Straitjacket）一词。[77] 讽刺的是，在民主大获全胜的这一刻，恰恰是缺乏民主的。当你穿上金色紧身衣，"你的经济增长，你的政治萎缩"。弗里德曼在用深刻的洞见揭示时代精神方面拥有不可思议的天赋，但他应该放弃使用"金色"这个词。紧身衣是给精神错乱之人准备的。如果民主国家开始失去理智，那我们几乎没法抱怨了。

注释

1 Alexis de Tocqueville, *Democracy in America*, Part II (1840).

2 J. A. Hobson, *Imperialism: A Study* (James Pott & Company, New York, 1902), p. 333.

3 Jamil Anderlini and Lucy Hornby, 'China overtakes US as world's largest goods trader', *Financial Times*, 10 January 2014, <https:// www. ft.com/content/7c2dbd70-79a6-11e3-b381-00144feabdc0>.

4 Branko Milanovic, *Global Inequality: A New Approach for the Age of Globalization* (Belknap Press, Cambridge MA, 2016 (ebook)).

5 Danny Quah, 'The Global Economy's Shifting Centre of Gravity', *Global Policy*, 2:1 (January 2011), <http://onlinelibrary.wiley.com/ doi/10.1111/ j.1758-5899.2010.00066.x/pdf>.

6 Milanovic, *Global Inequality*.

7 Hobson, *Imperialism*, p. 339.

8 Milanovic, *Global Inequality*.

9 Richard Baldwin: *The Great Convergence: Information Technology and the New Globalization* (Belknap Press, Cambridge MA, 2016 (ebook)).

10 Hugh White, *The China Choice: Why We Should Share Power* (Oxford University Press, Oxford, 2012 (ebook)).

11 世界经济论坛的网站全面收录了历届论坛报告的资料信息，时间可以追溯到多年以前。有关 2016 年的内容，参见：<https://www.weforum.org/events/world-economic-forum-annual-meeting-2016/sessions/the-global- economic-outlook-1d2286ef-25a9-47cf-bba6-56fc8ef98004>.

12 Chris Giles, 'China poised to pass US as world's leading economic power this year', *Financial Times*, 30 April 2014, <https://www. ft.com/content/d79ffff8-cfb7-11e3-9b2b-00144feabdc0>.

13 John Williamson, 'From reform agenda to damaged brand name: A

short history of the Washington Consensus and suggestions for what to do next', *Finance and Development*, 40:3 (September 2003). 可以查阅 <https://people.ucsc.edu/~hutch/Econ143/ historywash.pdf>.

14 Robert H. Frank, *Success and Luck: Good Fortune and the Myth of Meritocracy* (Princeton University Press, Princeton, 2016), p. 71.

15 Milanovic, *Global Inequality*。米兰诺维奇的作品影响力巨大。我建议每个对全球化的未来感兴趣的人都来读读这本书。我从中借用了丰富的数据信息。

16 Frank, *Success and Luck*, p. 114.

17 萨默斯曾多次公开引述这些数据。

18 *Financial Times*, 20 June 2016, <https://www.ft.com/content/ a5d5a8fe-36f5-11e6-a780-b48ed7b6126f>, and Edward Luce, 'US workforce dropouts explain Donald Trump's rise', *Financial Times*, 21 June 2016, <https://www.ft.com/content/ 5c8d0758-37c4-11e6-9a05-82a9b15a8ee7>.

19 Edward Luce, 'Drugs, painkillers and the New Hampshire primary', *Financial Times*, 7 February 2016, <https://www.ft.com/content/78d5ba76-cbff-11e5-a8ef-ea66e967dd44>.

20 Anne Case and Angus Deaton, 'Rising Morbidity and Mortality in Midlife among White Non-Hispanic Americans in the 21st Century', *Proceedings of the National Academy of Sciences of the United States of America*, 112:49 (2015), <http://www.pnas.org/ content/112/49/15078.full>.

21 Benjamin M. Friedman, *The Moral Consequences of Economic Growth* (Vintage, New York, 2006 (ebook)).

22 Adam Smith, *The Wealth of Nations*, Book 1 (1776).

23 Central Intelligence Agency, *The World Fact Book 2016* (Central Intelligence Agency, Washington DC, 2016), <https://www.cia.gov/library/publications/the-world-factbook/fields/2177.html>.

24 Tyler Cowen, *The Complacent Class: The Self-Defeating Quest for the American Dream* (St Martin's Press, New York, 2017), p. 82.

25 同上, p. 12.

26 Milanovic, *Global Inequality*.

27 Stephen S. Cohen and J. Bradford DeLong, *Concrete Economics: The Hamilton Approach to Economic Growth and Policy* (Harvard Business Review Press, Boston, 2016), p. 10.

28 Milanovic, *Global Inequality*.

29 Frank, *Success and Luck*, p. 51.

30 Raj Chetty, David Grusky, Maximilian Hell, Nathaniel Hedren, Robert Manduca and Jimmy Narang, 'The fading American dream: trends in absolute income mobility since 1940', National Bureau for Economic Research working paper No. 22910 (December 2016), <http://www.nber.org/papers/w22910>.

31 Frank, *Success and Luck*, p. 8.

32 Richard Reeves, *Dream Hoarders: How the American Upper Middle Class Is Leaving Everyone Else in the Dust, Why That Is a Problem, and What to Do about It* (Brookings Institution Press, Washington DC, 2016).

33 'Some colleges have more students from the top 1 per cent than the bottom 60 per cent', *New York Times*, 17 January 2017, <https://www.nytimes.com/intcractive/2017/01/18/upshot/some-colleges-have-more-students-from-the-top-1-percent-than- the-bottom-60.html?_r=0>.

34 Frank Newport, 'Fewer Americans identify as middle class', Gallup, 28 April 2015, <http://www.gallup.com/poll/182918/fewer-americans-identify-middle-class-recent-years.aspx>.

35 Michael Young, 'Down with meritocracy', *Guardian*, 28 June 2001, <https://www.theguardian.com/politics/2001/jun/29/comment>.

36 我在我的专栏文章中详细介绍了这一观点:'The end of American

meritocracy', *Financial Times*, 8 May 2016, <https://www.ft.com/content/c17d402a-12cf-11e6-839f-2922947098f0>.
37 Joe Coscarelli, 'Spike Lee's amazing rant against gentrification: "We been here!"', *New York Magazine*, 25 February 2014, <http://nymag.com/daily/intelligencer/2014/02/spike-lee-amazing-rant-against-gentrification.html>.
38 Richard Florida, *The New Urban Crisis: How Our Cities Are Increasing Inequality, Deepening Segregation, and Failing the Middle Class – and What We Can Do About It* (Basic Books, New York, 2017), p. 132.
39 同上。
40 同上, p. 191.
41 同上, p. 159.
42 Mark Muro and Sifan Liu, 'Another Clinton-Trump divide: high-output America versus low-output America', Brookings, 29 November 2016, <https://www.brookings.edu/blog/the-avenue/2016/11/29/another-clinton-trump-divide-high-output-america-vs- low-output-america/>.
43 这一颇具洞见的论点源自这篇论据充分的文章：Richard C. Longworth, 'On Global Cities', Chicago Council on Global Affairs, 21 May 2005, <https://www.thechicagocouncil.org/publication/ global-cities>.
44 研究结果参见以下全文：Richard Florida's *The New Urban Crisis*.
45 Melkorka Licea, '"Poor door" tenants of luxury tower reveal the financial apartheid within', *New York Post*, 17 January 2016, <http://nypost.com/2016/01/17/poor-door-tenants- reveal-luxury-towers-financial-apartheid/>.
46 Milanovic, *Global Inequality*.
47 Florida, *The New Urban Crisis*, p. 41.
48 同上, p. 38.
49 Cowen, *The Complacent Class*, p. 7.
50 Florida, *The New Urban Crisis*, p. 216.

51 Martin Ford, *Rise of the Robots: Technology and the Threat of a Jobless Future* (Basic Books, New York, 2015 (ebook)).
52 同上。
53 同上。
54 Lawrence Mishel, 'Entry-level workers' wages fell in lost decade', Economic Policy Institute report, 7 March 2012, <http://www.epi.org/publication/ib327-young-workers-wages/>.
55 Baldwin, *The Great Convergence*.
56 William J. Bernstein, *The Birth of Plenty: How the Prosperity of the Modern World was Created* (McGraw-Hill, New York, 2004).
57 *Occupational Outlook Handbook*, Bureau of Labor Statistics, <https://www.bls.gov/ooh/>.
58 Robert J. Gordon, *The Rise and Fall of American Growth: The US Standard of Living since the Civil War* (Princeton University Press, Princeton, 2016), p. ix.
59 同上 . p. 3.
60 同上 , p. 4.
61 我对 Gordon, Cohen 和 DeLong 作品的论述，参见：'Is robust American growth a thing of the past?', *Financial Times*, 19 February 2016, <https://www.ft.com/content/80c3164e-d644-11e5-8887-98e7feb46f27>.
62 Gordon, *The Rise and Fall of American Growth*, p. 13.
63 James Manyika, Susan Lund, Jacques Bughin, Kelsey Robinson, Jan Mischke and Deepa Mahajan, 'Independent Work: Choice, necessity and the gig economy', McKinsey Global Institute report, October 2016, <http://www.mckinsey.com/global-themes/employment-and-growth/independent-work-choice-necessity-and-the-gig-economy>.
64 同上。
65 同上。
66 同上。

67 Jaron Lanier, *Who Owns the Future?* (Simon & Schuster, New York, 2013 (ebook)).

68 Edward Luce, 'Obama must face the rise of the robots', *Financial Times*, 3 February 2013, <https://www.ft.com/content/ f6f19228-6bbc-11e2-a17d-00144feab49a>.

69 Lee Drutman and Yascha Mounk, 'When the Robots Rise', *National Interest*, 144 (July–August 2016), <http://nationalinterest. org/feature/when-the-robots-rise-16830>.

70 Espen Barth Eide, '2015: the year geopolitics bites back?', World Economic Forum, 7 November 2014, <https://www.weforum.org/agenda/2014/11/2015-year-geostrategic-competition/>.

71 Global Risks 2015, World Economic Forum, <https://reports.weforum.org/global-risks-2015/part-2-risks-in-focus/2-2-global- risks-arising-from-the-accelerated-interplay-between-geopolitics- and-economics/>.

72 Global Risks 2017, World Economic Forum, <http://reports.weforum.org/global-risks-2017/part-2-social-and-political-challenges/2-1-western-democracy-in-crisis/>.

73 同上。

74 Lawrence Summers, 'America needs to make a new case for trade', *Financial Times*, 27 April 2008, <http://www.ft.com/cms/s/0/c35d3d62-14ba-11dd-a741-0000779fd2ac.html?ft_site=falcon&desktop=true#axzz4YDkDxH19>.

75 Lawrence Summers, 'Voters deserve responsible nationalism not reflex globalism', *Financial Times*, 9 July 2016, <https://www. ft.com/content/15598db8-4456-11e6-9b66-0712b3873ae1>.

76 Dani Rodrik, *The Globalization Paradox: Democracy and the Future of the World Economy* (W. W. Norton & Company, New York, 2011).

77 Thomas L. Friedman, *The Lexus and the Olive Tree: Understanding Globalization* (Farrar, Straus & Giroux, New York, 2000).

第二章

核反应

> 民主不是无知意见的简单乘法。
> ——贝特丽丝·韦伯

成功孕育了模仿。直到我六岁时，全世界将近二百个国家里的民主国家还不超过三十个。第一波现代民主化浪潮发生于1974年，[1] 当时葡萄牙的康乃馨革命推翻了萨拉查在里斯本的法西斯政权。没过多久，希腊军政府的倒台随之而来。第二年，西班牙在佛朗哥将军去世后也出现了类似的情况。这些事件终结了早先一代人对法西斯主义失败的责问。直到柏林墙倒塌之后，闸门才真正开启。到了千禧年之际，全世界有一百多个民主国家。正如"华盛顿共识"为经济的成功提供了工具箱一样，西方在如何民主化的问题上也提供了用户手册。它们是姊妹卷：除非你是民主国家，或者我们宣称你是，否则你不能发展你的经济。这两股思潮展现出同样的对历史毫无歉意的无知，这意味着它们是有严重误导性的。实际上，经济往往在保护主义的幕后发展——几乎每个西方国家在19世纪都是这样做的。我们难道忘记了亚历山大·汉密尔顿的"幼稚产业"保护是如何艰难挺进20世纪的吗？汉密尔顿直接从英国的都铎王朝那里拿来这种重商主义的方法，后者通过贸易保护来帮助英国羊毛制造商阻挡佛兰德竞争者。与此相类似的是，许多国家在专制条件下进行工业化。奥托·冯·俾斯麦在 19 世纪末把德国带上了血与铁的繁荣之路。日本的明治维新则是自上而下发展的典范。西方正在进行一场改宗的使命。重要的问题已经解决。这些只是我们目的论旅程中的小坎坷而已。

2000 年后，事情开始出了岔子。第一个重大打击发生在俄罗斯，弗拉基米尔·普京接任鲍里斯·叶利钦担任总统。西方擅长在不合时宜的时候删减掉局部细节，特别是在俄罗斯问题上。20 世纪 80 年代，苏联的衰落让整整一代西方研究苏联问题的学者蒙受羞耻。没有人想到它会发生。20 世纪 90 年代，我们坚信俄罗斯正在从社会主义转向自由资本主义，而西方的专家顾问极力主张莫斯科采取休克疗法，尽管这会使俄罗斯的新寡头政治崛起。在西方的建议下，叶利钦将俄罗斯最有价值的国有资产私有化，甩卖给了一小撮商人，换取了他 1996 年连任的资金支持。我们的信仰依旧没有动摇。2008 年，我们相信普京的过渡期已经结束，俄罗斯已经回到德米特里·梅德韦杰夫统治下阳光普照的时期。奥巴马政府对美俄关系重新定位的基础是，普京是一个"曾经"的总统。事实证明，这个赌注的代价远超出奥巴马和当时的国务卿希拉里·克林顿的想象。当我在 2016 年唐纳德·特朗普当选两周后访问莫斯科时，我的东道主正在因为美国刚刚经历了它自己的颜色革命而洋洋得意。从格鲁吉亚2003年的玫瑰革命，到翌年的乌克兰橙色革命，以及2009年摩尔多瓦的葡萄革命，我们都在为俄罗斯边境沿线亲莫斯科政权的垮台而欢呼雀跃。特朗普的胜利表明，有两个人可以玩这个游戏。突然之间，一切坚实的东西都消融了。我们没有向真理进发，而是收获了电视真人秀政治。彼得·波梅兰采夫在他的新书《没有什么是真的，一切皆有可能》（*Nothing Is True and Everything Is Possible*）中写道："莫斯科让人感觉早上像是一个寡头统治政体，下午是民主政体，晚饭时是君主制政体，睡前则是极权政体。"[2] 这种操纵在特朗普治下的美国也开始表现出令人感到不祥的相似。

2001年，美国对基地组织袭击的反应也破坏了民主的声誉。布什对"911"事件的回应给西方民主的魅力带来了双重打击。第一重以《爱国者法案》的形式出现，这为监视美国公民铺平了道路，并为再次削弱美国宪法自由开了绿灯。然后，这一迫切要求扩展到美国和任何民主或非民主国家的关系，这些国家承诺在"反恐战争"中进行合作。普京和巴基斯坦的佩尔韦兹·穆沙拉夫一夜之间变成了灵魂兄弟。当布什政府说出"要么支持我们，要么反对我们"的时候,它是指要开放一个"黑色地带",在这里中央情报局可以对恐怖主义嫌疑人施以水刑,并且无须理由地交换恐怖分子名单,对此上诉的可能性很小——这种做法在国际法中叫作"驱回"(refoulement)。这给非民主政权提供了一个把国内反对者列入国际名单的借口,对世界各地的政治权利造成了破坏性的影响。在"911"之后的十年中,国际刑警组织的红色通缉令数量增加了八倍。[3]这种做法使布什的民主议程落空。其在地缘政治上也是短视的。正如西方在20世纪80年代支持阿富汗抵抗苏联的圣战为恐怖主义的崛起奠定了基础,美国与非民主政权之间签订的后"911"协定为目前世界的民主衰退播下了种子。在特朗普领导下这种情况还会加重。

但是"反恐战争"的后果还不是最让布什意想不到的。更没料到的是2003年3月美国领导的入侵伊拉克。伊拉克战争对美国全球软实力,还有西方民主使命的可靠性所造成的损害怎么说都不为过。"911"之后启动了"持久自由军事行动",随后就是"伊拉克自由行动"。两次行动都草率命名。以自由的名义加入战争是一回事,对此一无所知又是另一回事。即使没有"反恐战争"之类的欺人言谈,能否通过枪杆子建立民主政治也高度存疑。美国在推动民众交流、给予冷战时期铁幕背后的异见人士以便利等方面做了大量的工作，这些都因为布什的"联盟驻伊拉克临时管理当局"在伊拉克实现民主化过程中的傲慢方式一笔勾销。巴格达涌入了一大帮来自华盛顿的二三十岁的政治跟班，他们被赋予类似于殖民者的权力，为伊拉克尚未成形的民主制定政策。美国国民警卫队虐待阿布格莱布囚犯的恐怖画面，加剧了布什委任的官员对当地局势的无知所造成的公共关系上的后果。"伊拉克自由行动"已经变成了"破坏民主行动"。

正是希望避免重演小布什的重大失误，巴拉克·奥巴马才会在2011年阿拉伯之春爆发时如此犹豫不决。起初奥巴马支持开罗解放广场和其他区域的民主抗议活动。当他看到结果，尤其是看到埃及的统治时，他对革命感到心灰意冷。阿拉伯民主之花一朵接一朵地枯萎。只有在突尼斯，民主仍有生机。奥巴马的矛盾心理，在他的政府根本不关注国家民主基金会（NED）的年度预算这件事上体现得淋漓尽致，这个美国机构曾在帮助年轻的民主国家站稳脚跟上做了很多耐心的工作。在阿拉伯之春之后的五年间，每年白宫都要求削减国家民主基金会的预算。[4] 为了阻挡这一趋势，共和党把控的国会推翻了奥巴马的削减计划，还增加了经费。到了这个阶段，奥巴马更加不知所措。2015年在出访埃塞俄比亚时，奥巴马祝贺它的政府通过民主选举，在这场普选中，执政党赢得了每一个席位。不久之后，首都亚的斯亚贝巴对该国的反对者施行了镇压，导致数百人死亡。如果美国总统对于民主举棋不定，世界其他国家该做何感想？奥巴马的观察团队表明，全球民主国家的数量下降最为剧烈。现在世界上的民主国家比世纪之交时减少了25％。据"自由之家"称，自2008年以来，每年限制自由的国家要比扩大自由的国家数量更多。[5] "非洲大陆上没有一个民主稳固且安全的国家"，知名的研究民主的学者拉里·戴蒙德说。[6] 我们还不知道，世界民主的衰退是否会转变成全球性的萧条。福山的问题主要将会在西方国家内部得到解答。

与大衰退对于西方民主声誉的影响相比，2000年以来美国外交政策的跷跷板效应还是次要的。你把暴跌归咎于投资银行家的贪婪，还是金融监管者的无能，主要取决于你的政治观点。但在这两种情况下，站在西方的角度，2008年的股价崩盘首先是一个经济事件。然而，世界其他国家会通过更广阔的视角来看待2008年及其后果。虽然短期的市场动荡是全球性的，但所谓的全球经济衰退主要还是大西洋的衰退。世界的大部分其他地区仍在继续增长。尽管西方喜欢把20世纪后期的民主浪潮想象成"大马士革的皈依"（Damascene Conversion），但其中大部分纯粹是辅助性的：西方以外的人可以在电视屏幕上观察西方发展的成果。他们知道哪只鹅正在下金蛋。

从美国在"911"事件之后的决策失误，再到唐纳德·特朗普的当选，21世纪对每个地方的独裁者都显得宽容大度。很容易相信这些是在适当的时候出现的历史事件。支持民主的民众、社会和技术力量最终会证明，信奉它们的力量远比信奉"狗屎运"的历史学派更为强大。这是我们应该避免的一系列思想。德国伟大的剧作家贝托尔特·布莱希特说过一句名言："是不是更容易一些/对政府来说/解散这批人民/再选择另一批？"搅乱人们的头脑也是特朗普的特长。

在美国，制造同意或是压制异议的难度比在世界其他任何地方都要高，但这并不是不可能的。民主和社会一样，是一个有适应性的有机组织。大多数西方民主国家无论以何种形式，长期以来一直把人民奉为统治者（英国是这条规则的例外之一）。然而，我们一直都知道没有人民这种东西。这是一个有用的虚构。或许幕布现在已经拉开得太多,以至于我们无法再保持伪装。在另一个机智的段子中,布莱希特曾经说过:"所有的力量都来自人民。但是它去了哪里?"[7]

直觉上,我没有想到唐纳德·特朗普会赢。无论多坏的结果发生,到最关键的时刻,美国选民还是会退后一步,免于坠入深渊。对此我犯了错。我更了解有关他的竞争者的评论。早在特朗普出场以前,希拉里·克林顿显然只有在对方缺席竞选的情况下才能赢得总统职位。无论她的对手有多么糟糕,她所能希望的最多不过是一场勉强的胜利。她对中产阶级的充耳不闻几乎是毋庸置疑的。希拉里团队所涵盖的顾问、政治家、校友和朋友也大都如此。这就是他们对美国人口趋势的信心,他们很少会怀疑克林顿的"彩虹联盟"(rainbow coalition)会让她越界太远,历史在他们这一边。(类似的命运让许多支持留在欧盟的英国人无法认清英国脱欧投票的现实。)我有一个见地深刻的朋友原本有希望在克林顿政府中占据一席之地,他坚持认为从数学角度来讲,共和党人完全不可能赢得白宫。即使白人中产阶级看不上希拉里,他们仍然不占有人数优势。如果人口分布最终决定命运,为什么要浪费精力在新的思考上面？我曾在2014年写道:"希拉里·克林顿需要做的,或者说任何获得民主党提名的人需要做的,就是在正确的框中打钩,然后让人口分布解决其余问题。这就是美国左派的世界观。这也是衡量其智力多么贫乏的标准。自由主义者无论抽什么香烟,都无法激发起新的想法。"[8]但希拉里在这些数字上投注了信任。她的选举机器的核心是数据权威。"普通美国人"——希拉里常用这个词来称呼中产阶级——只是道具而已。我花过相当长的时间采访世界各地的极端民族主义运动、邪教组织和狂热分子的领袖,还没有遇到过比希拉里团队更加会自圆其说的集体思维。

"从众性"这一诅咒并不为美国受教育的自由阶层所独有。无论如何,技术专家的思维模式已经深刻影响了西方世界的政治精英。已故的政治科学家彼得·梅尔称它为"治理空洞"(ruling the void)。[9]已创立的政党越是脱离他们曾经扎根过的社群,他们对此就越是漠不关心。稳定的西方政党政治的鼎盛时期恰逢战后中产阶级和工人阶级崛起的黄金十年,这绝非偶然。政治团体深深地扎进教会、退伍军人俱乐部和工会大厅等日常生活。荷兰人称之为"柱状化"(pillarization)。但是,通过诸如《退伍军人权利法案》(GI Bill)这样的重大改革孕育出旧左派消亡的条件，中左翼政党成功地创造了阶级流动的阶梯，并向蓝领家庭敞开了高等教育之门。在美国，将自己描述为独立选民的人数比例多年来一直在攀升。[10]这不是苏格拉底等距离（Socratic equidistance）的计量单位。大多数情况下，独立是冷漠更高级的说法。在欧洲，党员比率在一代人的时间里持续下降。在20世纪80年代初期的高峰时期，几乎有十分之一的欧洲人是交党费的政党成员——而且这还不包括通过工会加入中左翼政党的数百万人。这个数字已经减少了一半。[11]

从20世纪90年代的"第三条道路"开始，左派脱下了它的旧衣装。选民停止参与任何有实际规模的政治进程；相反，他们成了消费者。梅尔把这种情况称为"观众民主"（andience democracy）。在1964年的英国大选中，工人阶级的选民数量远超拥有专业资质的选民，比例为二比一。到1997年托尼·布莱尔的工党上台执政时，他们已经平分秋色。工会会员减少了一半。1931年以前出生的人中只有十二分之一拥有学位，而1975年以后出生的人中则有三分之二获得学位。[12]政治也必须跟上。对于托尼·布莱尔或比尔·克林顿来说，要用大众动员的陈词滥调来赢得选民是不可能的。很快，大的党派看起来和听起来都没有什么区别了。就像简·沃纳·穆勒(Jan-Werner Müller)所说的那样:"第三条道路把选举变成了在可口可乐和百事可乐之间做出选择。"[13] 选举在精英们的心目中从输赢关系转为双赢关系。政党领袖访问同一所学校,用同样的方式发表演讲。英国独立党领袖保罗·纳托尔这样写道:"在(第二次世界大战以后)克莱门特·艾德礼的时代,工党议员来自作坊、矿山和工厂。如今的工党议员和保守党、自由民主党沿着同样的上升路线:他们就读于私立学校,去牛津大学,在国会议员办公室谋求一份工作,然后成为议员。没有人知道在一个工人俱乐部里是怎样的感受。"[14]

有一段时间,第三条道路承诺给意向性选民提供好处。在野十多年后,民主党和工党在 20 世纪 90 年代重新获得了权力。在法国,弗朗索瓦·密特朗已经在 80 年代早期上演了 180 度大转弯。在千禧年前夕,第三条道路的领导人,其中包括克林顿和布莱尔,德国的格哈德·施罗德,法国的利昂内尔·若斯潘和意大利的马西莫·达莱马,在佛罗伦萨举行的盛大会议上相聚——托斯卡纳的风景正适合这样的庆祝性聚会。在整个西方世界,新左派迎来了无阶级社会(classless society)的曙光。人们畅谈后意识形态的年代。第三条道路重塑了政治。支付给蓝领工人的还是只有空头支票,但是新左翼的选择政治是一种反政治的形式,在这种形式下原先的意识形态被"什么有用说什么"所取代。它们之下空无一物。布莱尔在2000年告诉英国广播公司:"我从来没有真正地从政过。我从来没有成长为一名政治家。我甚至现在也不觉得自己是一个政治家。"如果蓝领阶层消失了,所有这些就会运转良好了。他们以前的工作确实消失了不少。但是当2008年经济大潮退却时,有多少人在其中裸泳就突然显得格外清晰了。被抛下的人比世界主义者所设想的要多得多。不同之处在于,不再有党派为他们发声。不仅是因为经济让他们陷入困境——克林顿和布莱尔也离开了他们。由于第三条道路的领导者已将其政治生涯建立在意向性投票上,他们找不到吸引失败者的词汇。新左派素来爱说麦肯锡式的言论——这是达沃斯的通用语。当我2016年初和托尼·布莱尔坐下聊天时,他兴致盎然地承认,自己并不知道为什么所有的政治动荡都发生了:"当我说自己现在不确定是否完全了解政治的时候,我真的是这个意思。这样说确实很奇怪,毕竟我这一生都在为这件事工作。"[15]

这对希拉里来说比托尼·布莱尔要头疼得多,因为她还处在竞选进程当中。2016年,从一封列出了她所选择的选举口号的泄密电邮中，可以捕捉到她与民意情绪之间的距离。口号充其量是二流广告商的水平。出自其团队八十四名成员的深思熟虑的口号——"看你的了""是时候要到更好的价码了"，还有"我们的家庭，我们的未来"——表明这场竞选缺乏思想的火花。我最喜欢的两句是："下一个，从你开始"和"和你有关，和时间有关"。如果用"我"来代替"你"，它会让你明白大多数美国人是如何看待希拉里的。它标志着一场不再有新说辞的竞选策略的终点，第三条道路本身就被空洞吞噬了。就像戴维·卡梅伦命途多舛的英国"留欧"计划（Remain Campaign）一样，希拉里最终看中了"一起更强大"，但她没有解释清楚为什么。这看起来更像是一个增加选民人口的游戏，而不是治理的理由。与此同时，大多数她假定的大本营，即受过大学教育的千禧一代都投奔了伯尼·桑德斯。一个广为人知的"文化梗"塑造了他们对希拉里的看法。它展示了一张虚构的海报，比较两位候选人是否会在橄榄花园餐厅用餐——这是一家在郊区非常受欢迎但是缺乏灵魂的餐饮连锁店。桑德斯的标题写道："只有当我高兴的时候"。希拉里的标题则是："适合一家人去的正宗意大利餐厅！"在大选中，千禧一代扎堆地待在家中。

这不是因为希拉里·克林顿缺乏策略。她很有策略，但它们来自一群精疲力竭的技术专家的"归谬证法"（*reductio ad absurdum*）。她的大部分政策都将美国税法进一步复杂化，精细计算的税收优惠只有上层阶级，而且是那些有能力聘请会计师的上层阶级才有可能加以利用。他们完全没有理由为此烦忧。这是个典型的例子。为了回应桑德斯特别受欢迎的、为公立大学提供学费的诺言，希拉里提出了一个与之对应的计划，该计划允许创设初创企业的毕业生可将其债务最多延期三年。她的税收减免政策也适用于公司的前二十名雇员。她还承诺给毕业生高达17500美元的贷款豁免——如果他们在"困难社区"中开设新的业务，或是创办"社会影响力可量化的社会企业"。[16]很难想象希拉里才华横溢的竞选班子怎么能够弄出这些乱七八糟的东西，而且还这么精确。为什么是17500美元，而不是20000美元呢？为什么上限是二十名员工，而不是三十个？谁来衡量初创公司的"社会影响"？桑德斯通过承诺为所有人免除学费，避开了这个挑战。希拉里则相反，她向特定类型的好公民提供了适度的减免，这些公民夜以继日地经营一家新公司的同时，还有时间提出贷款豁免——而且身处一个困难的社区环境里！她的网站逐条列出了解决四十一个可量化问题的方案，每个方案下都包含多项子方案，用以解决多个子问题。[17] 甚至还有一个方案用来保护狗、猫和马的利益。这类枯燥无味的宣言有可能在联合国获得通过，但它们不会鼓舞选民。我可以重述希拉里的其他计划，但是这样做一点好处都没有，因为就连政策委员会死抠细节的专家对此也不感兴趣。

技术专家越是与民众失去联络，他们就越多地诉诸远程控制。希拉里竞选活动的潜台词是，在白人正迅速变成少数的新美国，她是他们的信使。要适应这个新的多元文化的世界，需要持续不断地修订我们的词汇——结果是政治正确的词汇越来越多。克林顿的竞选中不断重复着这样的话语：校园运动是要创造"安全空间"，保护它免受"微冲突"的影响，并发布书面的"敏感警报"（trigger warnings）。然而，人口分布决定竞选命运的观点基于非常不可靠的假设。美国人口调查机构预测，到2044年，美国将成为一个少数族裔占多数的国家，白人的数量会降到一半以下。[18] 但是，这只是因为华盛顿在世纪之交进行了修订，把西班牙裔归入了非白人。在此之前，例如南美人、波多黎各人和古巴人在人口普查中单独列出，他们可以选择自己的种族。但是，数据的重叠之处掩盖了左派少数群体的自鸣得意。超过半数的美国西班牙裔学生始终表示他们更愿意自称为白人。[19]这不仅是一场事关归类的抽象战争，这意味着许多被定义为西班牙裔的人比"白人"（另一个有竞争力的称谓）自然而然成为民主党人的概率更低。这解释了为什么许多西班牙裔美国人在选举期间对唐纳德·特朗普承诺建造边界墙的反应和大多数白人并没有区别。墨西哥裔美国人觉得特朗普很有针对性。但几乎没有证据表明，来自其他说西班牙语国家的合法移民比其他的选民对此更加愤怒。为什么民主党的体制更加寄希望于他们的忠诚，而不是白人的忠诚呢？抵制这种强加的种族身份可以解释为什么更多西班牙裔美国人在2012年投给唐纳德·特朗普，而不是投给米特·罗姆尼。[20]

如果我们依照西班牙裔的意愿，将他们中的大部分视为白人，那么美国最起码到2050年还会是一个白人占多数的国家，而且可能会长久维持这种情况。第二次世界大战后，爱尔兰裔和意大利裔美国人才被主流社会接纳。他们仅仅花了几十年的时间，就从可靠的支持民主党的族群，转变为背弃里根民主党的关键力量，以至于触动了美国政治的结构。没有理由认为"西班牙裔"会有不同的表现。奥巴马政府在下台之前推行的最新的民族种类中，中东和北非人（MENAs）也面临同样的问题。[21]白宫大笔一挥，变戏法似的多出了一千万新的非白人。这一举动再一次背叛了技术专家把选民分门别类的做法。黎巴嫩基督徒和世俗土耳其人，他们与苏丹穆斯林的共同点可能比他们与白人的共同点还要少。然而，他们作为其他少数族裔，一夜之间就可以从高校入学的平权法案中受益。"希拉里地带"（Hillary-land）已经习以为常这个政治家最喜爱的游戏对于未接受大学教育的白人产生的恶劣影响，而且这群人在相当一段时间内依旧是美国最大的投票阵营。选举前几周，希拉里称，其中的一半人都属于"一堆人渣"，他们的种族偏见会把他们丢进历史的垃圾桶中。而在她亲切的败选演讲中，希拉里一股脑儿地感谢了所有对其阵营做出贡献的美国人。这其中包括"所有种族和宗教信仰的人""移民""LGBT人群"和"残疾人"。她的名单没有扩展到小货车司机或蓝领工人身上，他们被遗忘了。

如果不能诊断出希拉里失败的原因，只会让特朗普更有可能连任。大选后的《纽约时报》上刊载了哥伦比亚大学教授马克·里拉（Mark Lilla）一篇文辞尖刻的文章，文中他呼吁结束"身份自由主义"。他写道，美国左派"陷入了一种关于种族、性别和性向认同的道德恐慌，这扭曲了自由主义传递出的信息"。[22]此外，如果民主党的掌门人坚持在她的民众集会上对不同的族群进行公开提名，她最好提到每一个人，否则那些被遗漏的人会感到不满。里拉还对大量分析克林顿失利的事后反思提出了质疑，这些反思把问题归咎于反对多元文化美国的种族主义的"白人反抗"——这一结论与许多特朗普选民表露出来的动机不一致。里拉写道："这（事后反思）轻而易举，因为它可以制造出一种道德优势的信念""这也助长了共和党右翼从长远来看注定在人口分布上消失的幻想，这意味着自由主义者只要等待国家落入他们的口袋就可以了"。作为一个生活在曼哈顿的人文教授，里拉具有无可挑剔的自由主义信条。然而，他在哥伦比亚大学的一位同事却撰文反对他的作品，认为他是一个白人至上主义者。[23]不过里拉的理由很充分，法西斯主义基于集体权利，自由民主是建立在个人权利上的。

如果美国政治固化成两个在种族上相互敌对的阵营，那么西方民主的未来看起来前途暗淡。唐纳德·特朗普有意识地煽动种族主义的情绪，并给新纳粹和白人民族主义者组成的"另类右翼"（alt-right）边缘人士提供了火箭般的推动力。但是如若认定所有投票赞成他的人都是偏执的，从而小看他们，只会让特朗普的工作变得更轻松。这样认定也是不准确的。2016年支持特朗普的数百万人在2008年把选票投给了巴拉克·奥巴马。他们突然变成了卑鄙的人吗？更好的解释是，许多美国人长期以来都感到与当权者疏远，因为当权者经常对他们在经济上的抱怨置若罔闻。2008年，美国对一个外来者，一个几乎没有任何联邦政治经验的非洲裔美国人产生了极大的兴趣。奥巴马给了它希望。2016年，它又选择了另一个没有任何政治背景的外来者。特朗普引发了愤怒。要清楚：特朗普对于所有美国最珍视的品质构成了致命的威胁。但是，美国左派给予族群认同政治的优先权甚至超过了民族的共同利益，因而制造出了它所恐惧的东西。经济利益的冲突是事关各方的妥协。族群政治则是一个绝对的游戏。1992年，比尔·克林顿赢得了绝大多数没上过大学的白人的选票。到2016年，他们中的大多数人选择了背叛。由于他们的背叛被打上了种族目的的烙印，自由派发出信号希望他们不要回来。"自由主义者应该记住，美国政治中的第一个身份认同运动是三K党，它现在依然存在，"里拉写道，"那些玩弄身份游戏的人应该做好失去它的准备。"[24]

这种边缘政策（brinkmanship）以这样或那样的形式，

如今几乎威胁到了每一个西方民主国家。英国2016年的脱欧公投中出现了令人不寒而栗的类似对立。温斯顿·丘吉尔曾经开玩笑地说道：英国和美国被一种共同的语言分隔开了；而今天，大西洋两岸的蓝领白人都用同样的言语说话。他们渴望逝去年代的那种安全感。正如美国认为它已经进入后种族时代一样，英国也说服自己相信，它已成了一个无阶级的社会。和希拉里的"人渣"评论相似的是，戴维·卡梅伦将英国独立党（UKIP）轻蔑地称为"一帮疯子、怪人和隐秘的种族主义者"。这个评论有些夸张——效果也适得其反。英国的底层人士与21世纪政治的脱节程度堪比美国的底层人士，甚至更加严重。伦敦的精英们来自比华盛顿更小的圈子。英国独立党之所以在边缘人士之外扩大了支持率，是由于它对英国统治阶级的鄙视。"他们对威斯敏斯特那些像硬纸板画出来的事业狂人深恶痛绝，"英国独立党前领导人奈杰尔·法拉奇在谈及该党选民基础时说道，"还有那些关注差异（spot-the-difference）的政治家。他们坚决反对中间地带，但是根本找不到这个地方。还有焦点小组、三角策略家、狗哨政治参与者（dog-whistler），那些不敢说出他们真正想法的政客们。"[25]

英国以伦敦为中心的精英们养成了对反抗迹象闭目塞

听的习惯。认知失调的影响很大。早在2016年全民公投之前，就有很多迹象表明，英国的不安氛围远比社会边缘的激进分子的荒唐举动更为严重。在2001年的大选中，英国选民的投票率降至59%的历史低点。这本应释放警报。之所以下降，很大程度上是由于工人阶级选民的越发冷漠。他们认为工党在促进多元文化主义方面投入了更多精力，而非致力于解决他们的担忧。很容易将此类抱怨斥为种族主义。但是到了21世纪前十年中期，移民从20世纪90年代的每年约三十万激增到每年五十多万。在21世纪初，只有11%的英国选民把移民问题列为首要关注的问题。这个数字在十年后几乎增加了三分之一。[26] 目前，居住在英国的七分之一的人都是在外国出生的，这与美国的比例一致。在许多地方议会统辖的地区，激增的人口已经压垮了公共住房、学校场所和其他稀缺资源的供应。戈登·布朗在2010年选举期间遇到一个投诉移民的选民，他把这个人形容成一个"偏执的女人"。他这句私人言论被他穿戴着的麦克风传播出去。几个星期后，工党失势。卡梅伦上任后发誓把英国移民的净增量限制在每年十万人——他没能兑现这个承诺。英国脱欧投票之前一年，流入人口数量超过该数字三倍。美国历届政府都承诺巩固美国的边防，他们很少能做到。英国的历史情况也没什么不同。老牌党派迟早可能会为他们把整个选民阵容轻蔑地斥责为偏执狂而付出代价。

话说回来,他们是对的吗?种族偏见寿终正寝的传言一直被夸大。然而,种族主义并不是西方民粹主义兴起的根源。英国独立党无疑吸引了大量种族主义者的选票——巧妙地利用了狗哨政治[1]。但这并不意味着所有投票的人都是种族主义者。也要小心走得太远。当法拉奇和他的同事在20世纪90年代为党派的最佳名称辩论时,他们拒绝"英国"这个词,因为它和公然倡导种族主义的英国国家党(BNP)有重叠之处。法拉奇将英国国家党称为"血腥肮脏的派对"(Bloody Nasty Party)。[27] 他指出,英国独立党的许多潜在选民年纪大到对第二次世界大战还有印象,他们对法西斯主义终生抱有厌恶之情。当时的内政大臣特蕾莎·梅(Theresa May)设立了一个围捕非法移民的试验计划,他批评她的方法"充满恶意",并且"不是英国的行事方式"。英国独立党公开反对"不加限制的大规模移民"。但大多数情况下,它的重点是阻止英国变成"联合欧洲超级大国

---

[1] 指的是政客们以某种方式说一些取悦特定群体的话,使之仅仅传入目标群体的耳目中。——译注

的一个省"。只有在英国脱欧运动期间,该党才公开宣传其仇外态度:破天荒地张贴了海报,表明成群的穆斯林移民正涌入边境。这并没有阻止相当一部分非白人选民——尤其是英国亚裔群体——投票选择脱离欧洲。他们中的很多人也抱怨被新来的移民排挤出去。

只有在民粹主义右翼开始偷走左派的外衣之后,他们才开始在投票上有出色的表现。在包括唐纳德·特朗普在内的每一个案例中,民粹主义都打破了中间偏右的传统观点,主张政府保障体系。这是原先的左派用来承诺的内容,多半是兑现了(你也可以说是超额兑现了)。这是现代西方民主的隐含条件。包括美国在内的大多数国家采取了社会保险的形式。公民义务与获得权益之间的联系是一种社会契约。即便在相对慷慨的瑞典,未来的退休人员也必须工作十五年,才有资格领取养老金。[28] 不幸的是,就在这种福利的价值开始削弱时,碰巧移民开始激增。这无疑是双重打击。削减福利支出的同一拨政府也允许最近新来的人加入这一系统,它触怒了民众的公平感。"你不能在削减权益性支出的同时扩大获得它们的途径,"弗朗西斯·福山说,"有些事情迟早是要还的。"[29]

学者称之为福利沙文主义。[30] 只有掌握它的显著特性,欧洲右派才能实现腾飞。英国独立党起初作为一个反税的小型政府政党出现,它的选票份额很少超过1%。该党是作为伦敦周围各郡不满的保守派的大本营而知名的。现在,它是英国国民保健署热心的捍卫者,在英格兰北部和中部地区的工人阶级地区拥有阵地。英国脱离欧洲将每周释放3.5亿英镑用于国民保健署支出("每周一家新医院")——这段英国独立党的严峻声明,或者更确切地说,彻头彻尾的谎言,可能已被证明在公投中起到了重要的影响。

在欧洲大陆,福利体系越慷慨,对于移民的反应就越激烈。丹麦人民党现在的选票,超过四分之一来自该国原先稳定的社会民主党的工人阶级(social democratic working-class)的投票。在荷兰,海尔特·维尔德斯的自由党占有更高的份额。(就像人们过早地庆祝奥地利自由党候选人在12月的惨败,以为民粹主义受到了打击一样,维尔德斯的自由党3月份在荷兰糟糕的二流表现触及了民众的痛点。整个政治光谱转向了维尔德斯的议程。)法国的国民阵线过去还为法国内地反对高额税费的农民和小企业讲话,玛丽娜·勒庞在接管该组织后,把它转变为一个工人阶级的党派。通过与她拒绝承认犹太人大屠杀的父亲的彻底断绝往来,勒庞把自己定位成法国社会契约的捍卫者,反对"伊斯兰占领"（the Islamic occupation）。她说："全国团结一心的目的是为了国民。"[31] 勒庞知道她的市场在何处。

唐纳德·特朗普也深谙此道。他是第一个承诺增加社会保障、医疗补助和医疗保险支出的共和党总统候选人。这标志着他和该领域的其他人保持着非常不同的保守态度。共和党通常会发誓减少权益性支出，很多民主党人也是一样。希拉里只是提出会为它辩护。极少有美国有钱人、自由主义者或保守主义者会对削减权益性支出的需求提出异议，布什虽然尝试了，却未能做到。也很少有美国穷人——无论是白人或黑人——会同意这一需求。乔治·W. 布什曾经向一群富有的晚宴嘉宾开玩笑说："在座的是一个令人印象深刻的群体——有钱人和更有钱的人。有些人把你们称作精英；我把你们称作我的大本营。"他是在开玩笑。当特朗普说"我爱受教育程度低的人"时，他是极其认真的，因为这些人是他的大本营。2016年，美国历史上第一次出现大多数投票支持共和党候选人的选民没有大学文凭。[32]他们当中并不是每个人都是白人。

我们愿意相信，我们的民主是通过对于一些原则的共同责任感而维系的。在某些方面，这是事实。但是，当经济增长不复存在时，我们的社会显露出不同的面貌。如果没有更高的增长率，种族政治的卷土重来看起来仍将继续下去。我们遏制这种趋势的能力有可能不像我们想象的那么老练。这场战斗也将持续几代人。2016年，在美国和英国，年轻、种族多元化和城市选民的数量并没有年长、白人和农村选民的人数多。这些都是过去几十年来由于广泛的经济增长所掩盖住的深刻分歧重新出现的预兆。在英国脱欧公投之后，许多英国评论员公开猜测，对于那些不愿意看到他们所做决定的后果的人来说，是否应该限制他们的选举权。投票权应该像驾驶一样：当你的能力退化时，你就会失去执照。这不全是开玩笑。

更为严重的是，在美国许多州，特别是在非裔美国人中，压制民主选举权的企图达到了民权时代（civil rights era）以来前所未见的高峰。特朗普将会让这种情况更加严重。在启蒙运动方面，我们的民主国家正在从约翰·洛克的社会契约论转向托马斯·霍布斯暗淡的利维坦。我们因为对自己的历史无知，对社会的失败者漠不关心以及对我们的民主力量沾沾自喜，因而站在一条凶险的历史轨迹上。它把社会变成了对于种族不满的竞赛，其中"被唤醒的白人"——现在"另类右翼"给他们的称谓——是迄今为止最大的少数群体。

几十年来，法国作家迪迪埃·埃里蓬一直在掩盖他的卑微出身。从小在法国兰斯市郊凄凉破败的居民区长大的他，在某个时刻意识到自己与家里的其他人不同。他的父亲是一名工厂工人，十四岁就离开学校，和战后法国大多数工人阶级一样。他的母亲是一名清洁工。他们的公寓破旧不堪。埃里蓬会在黑白电视机旁观看橄榄球比赛，度过"难熬的夜晚"。他的父亲会定期去夜校，努力提升自己的专业素养。但他总是太累了，没法完成功课。他总是在习惯性的叹息声中，把他的作业用力推到抽屉的底部，"那里保存了他的破碎的梦境"。随着生活的继续，他的脾气变得越来越暴躁，稍一招惹他便会大吼大叫。有一次他拿菜刀袭击了埃里蓬的母亲。埃里蓬越来越憎恨他的父亲。

宗教在他的童年时代几乎起不到什么作用。和大多数邻居一样，埃里蓬也是激进的反教权主义者。他的母亲偶尔倒是会把当地的教会当作一个托儿机构。但他的父母从未参加过弥撒。他们把基督教看作是人民的鸦片。他们唯一真实的社会理念是政治性的。邻里的阶级意识很强烈。埃里蓬所谓的人民把世界分为两个阵营：支持工人的和反对工人的人。每次选举中他们每个人都把票投给共产党的候选人。当共产主义候选人无法参加第二轮总统选举时——该党的巅峰时期是1977年21%的支持率——他们就会投票给社会主义者。"我们会因为得知了右翼政党再次赢得胜利而大发雷霆",埃里蓬说。在外交政策上,他们毫不意外地站在苏联这边反对美国。他们不是戴高乐的粉丝。这就是埃里蓬的童年。政治是把人们聚合在一起的黏合剂。"去投票就是去参与一个集体自我确证的重要时刻,"他在杰出的回忆录作品《回到兰斯》[33]中写道,"那是一个确证你的政治重要性的时刻。"

随着年龄的增长,埃里蓬在自己身上发现了一个与他所期待的完全不同的"内心领域"。在他的脑海里把自己重新定义成同性恋青少年,而不是"工人的儿子"。他还培养出对于阅读的热情。作为一个崭露头角的知识分子,他的阅读清单高度理论化。蒙田、康德、巴尔扎克和亚里士多德的作品立在他的床边。他往往要在阅读《具体的辩证法》(*Dialectics of the Conevete*)这种大部头作品的急切需求和偷偷摸摸溜到火车站后面的街道之间进行抉择,后者是同性恋男子经常出没的地方。他时不时会遭到毒打。他的家人没法和他进行交流。"你像书里那样说话",他的父亲说他。严格意义上,埃里蓬的政治倾向还是和其他人一样,但他越是蔑视家庭生活的现实感,就越是把工人阶级浪漫化。他喜欢马克思主义关于工人阶级"自发的知识形式"(spontaneous forms of knowledge)的理论,讨厌身边的人在文化上的无知。有一次,他把一位支持托洛茨基的朋友带回家,他们在谈论政治时把他的父亲弄得满头雾水。朋友离开后,埃里蓬的父亲对那些总是告诉工人阶级要做些什么的左派学生表达了愤怒的抗议。"十年之后,他们就会转过头来向我们发号施令",他说。埃里蓬对他的父亲只剩下蔑视。他十九岁到巴黎读书,从此便再也没有见过他。三十五年之后,当埃里蓬的母亲打电话来说他的父亲快要离世时,他还是下不了决心回到他的病榻前探望。

埃里蓬之所以出名,是因为他在20世纪80年代给米歇尔·福柯——战后法国后结构主义哲学家写了一部广受好评的传记。福柯的著作关注对疯癫的诊断,社会围绕精神疾病设置的边界,这些研究揭示了通常被认为是正常事物的内在病理。20世纪70年代至80年代的巴黎知识分子圈是同性恋出柜的完美场所。埃里蓬的左翼朋友对实际的工人阶级不再感兴趣,他们像埃里蓬的父亲一样,恐惧同性恋且厌恶女性。弗朗索瓦·密特朗政府在20世纪80年代初期将法国共产党批驳得体无完肤,并将法国社会主义导向右派,自此以后,埃里蓬对他年轻时的政治倾向失去了兴趣。团结成了一个不复存在的术语。个人解放是新的口头禅。甚至连"阶级"这个词也失去了它的重要地位。在这个不同的世界里,埃里蓬所谓的人民被简单地理解为"边缘人"。他们将会淡出历史。与此同时,埃里蓬对他的背景感到羞愧。"我经常发现自己在自己的阶级出身上说谎……或者在他们面前承认自己的背景时感到尴尬,"他写道,"我把自己关在一个可以说是'阶级壁橱'的地方。"

有一两次,他的一位资产阶级朋友无心的评论又会把他拽回他的出身。他发现自己很难掩饰对这些人在巴黎音乐演奏上装腔作势态度的不屑之情。埃里蓬的朋友和他不同,他们被教导着如何去倾听。更准确地说,他们学会了如何在倾听的同时向别人展示自己。每个人都假装"陷入了某种富有灵感的遐想",事实上,他们和他一样对音乐毫无兴致。他的观察让我想起了 J.D. 万斯,一个乡下作家,当他申请普林斯顿大学时,他的女朋友不得不纠正他的就餐习惯,要求他闭着嘴咀嚼食物。给他端上一杯气泡水时,"我喝了一口,然后直接吐出来"。[34] 正像埃里蓬解释的那样,"只有当你从边界的一边跨越到另一边时",跨越两条完全不同的世界的边界,你才意识到你拥有的社会资本是多么的少。在边界右边长大的优点不言自明，难以胜数。能够逃离，或是能够想明白被遗弃者无能为力的人屈指可数。

父亲去世后，埃里蓬终于回到了兰斯。一位巴黎朋友问他是否会出席遗嘱宣读。不难看出，他的心理跨越了一条怎样的鸿沟。"他们（他的家人）究竟会被托付给什么人？"他想。埃里蓬发现，变化微乎其微。他的母亲还是在当清洁工。他的一个兄弟依旧在当屠夫。另一个还是一名警察。然而一切都变了。他们新的政治信仰是玛丽娜·勒庞领导的国民阵线。埃里蓬的母亲抱怨楼道里的北非儿童"成群结队"，奇怪的声音和气味飘进她的公寓。"阶级"这个词可能早已被废除，但之前使用它的人仍然活着。他们只不过是集体调整了他们的忠诚。原先是工人反对资产阶级，现在是法国人反对外国人。当埃里蓬责备母亲新的投票习惯时，"左或右，没有区别，"他的母亲说，"总是同样的人在最后面付账单"。最大的区别是，他们现在可以瞧不起别人了。不过这种震惊逐渐消退，取而代之的是他对这个家庭所经受的苦难尽可能的理解。他还记得他父亲所预言的，十年后回来告诉他应该怎么做的左派学生。那些人现在执掌着大学、政府，管理着大型工厂。他们已经成为世界的捍卫者，这个世界和他们成为的那类人民完美相配。"现在，"埃里蓬问道，"怎么可能会认为我父亲是错的呢？"

有个周末，他把母亲带去巴黎。她在街上闲逛，打量着别人，就像是登上了火星。人们说，过去是另一个国度——对于埃里蓬来说确实如此。但对于他的母亲来说，现在才是陌生的。虽然她仍在避开教堂，但她新的启明星变成了圣女贞德——国民阵线的象征。与此同时，埃里蓬了解到，他的父亲从来没有为他感到羞耻。有一天晚上，他看到他的儿子在全国电视中谈论自己的同性恋身份。当他意识到家里的某个人终于有所成就时，他的眼睛里充满了泪水。他威胁说，邻居中谁要是敢对儿子的性取向有任何贬损，他就殴打他。只是在父亲去世后，埃里蓬才最终放弃了他的仇恨，并且感受到丧父的痛苦。"我对自己没有尝试去理解他这件事感到后悔——我没有找时间试着再度和他聊聊。我遗憾的是，我纵容这个社会的暴力战胜了我自己，就像它当年战胜他一样。"埃里蓬终于从他的阶级壁橱里走出来了。他鄙视法国的新法西斯主义，但他更了解为什么像他母亲这样的人会误入歧途："我确信，投票支持国民阵线的原因肯定是，至少部分是因为，这是工人阶级试图在捍卫他们集体认同的最终途径，或者说，无论如何都要去捍卫早已被践踏的尊严——即使现在是被那些曾作为他们的代表和捍卫者的人践踏。"[35]

埃里蓬的故事讲述了精英左派和工人阶级的分离。工人阶级的民粹主义没有什么新鲜之处。它可以根据情况沿着不同的方向走下去。19世纪晚期美国民粹主义的激增孕育出三K党和累进所得税。这项税收的捍卫者,威廉·詹宁斯·布赖恩为那些"被钉在黄金十字架上"的小人物进行斗争。他的追随者憎恶"堕落者、匪徒和其他所有的卑鄙小人"。[36] 布赖恩在著名的"斯科普的猴子"审判中担任检察官,因为反对进化论而结束了他的职业生涯。

埃里蓬也一直在讨论西方民主国家的底层人士。随着特朗普的获胜,一个古希腊词语突然重新出现在英语的日常使用中:群众恐惧症(*demophobia*)。从字面上理解,是指对于暴民的恐惧。它想表达的是民主的冷漠。特朗普的优势在于,他让很多人化身为自由主义专家。"我爱美国,我讨厌美国人,"散文家兼漫画家蒂姆·克雷德(Tim Kreider)在特朗普获胜几周之后如此写道,"他们愚蠢好骗到可怕,对于任何证实他们偏见的虚假信息都不加批判地接受,对于任何承诺把工厂夺回来、把棕色人种压下去的煽动性政客的承诺都轻易采信……但我不相信所有特朗普选民都是无知的、偏执的;他们中的大多数人只是恶——恶的定义不是像斩首新闻记者或是用枪扫射小学生那样肆无忌惮地作恶,而仅仅是没有太在意别人的痛苦。"[37]特朗普时代的词汇变化还包括一个更近的新创词语:家庭恐惧症(*oikophobia*),字面上是指对于家庭环境的厌恶。实际上,这意味着对自己人的恐惧——这是仇外心理的反面。这个词是保守派哲学家罗杰·斯克鲁顿(Roger Scruton)发明的,它描述了那些恐惧本土民众并且轻视为国效忠的全球精英分子。"在他们眼中,家庭恐惧症捍卫了启蒙的普遍主义,对抗了本地的沙文主义",斯克鲁顿说。[38]只有词本身是新的。在美国,贫穷的白人一直是一个独立的阶级,地位仅高于奴隶及其后代。在某些方面,大烟雾山和沼泽地的白人堕落者的地位被认为比奴隶还要低。确实,"红脖子"这个词就被认为是奴隶造出来的。正如佃农的歌中唱的那样:"我宁可成为一个黑鬼,一个犁地的老贝克,丹是个白种小乡巴佬,长着长长的红脖子。"[39]他们还被以各种方式称为傻大个、废物、疯子、乡巴佬、吃土的人、扫把星、堕落者、白人黑鬼和拖车瘪三。"白种垃圾"(white trash)这个词已经存在了两个世纪,并且仍在使用。

在设计美国宪法时,美国的开国先贤们就料想到了这样的人。他们的目标是防止乔治三世暴政再度出现，不过这次是以"多数人的暴政"为幌子出现的，就像托克维尔所说的那样。托马斯·杰斐逊说过："选举产生的专制政府不是我们为之奋斗的政府。"在美国的三个政府分支中，只有众议院的一半席位可以由人民直接选举出来。总统制和参议院是逐渐民主化的产物。杰斐逊认为，美国宪法将培养出"天生有才能的贵族"。这个别出心裁设计出来的复杂东西距离民主有十万八千里，它的目的是为了阻止暴民。在被问到为什么有一个政府分支出现直接选出代表的特殊构造时，费城制宪会议文件的某个签署人解释说，他们已经把"联邦的金字塔提升到了相当可观的高度，出于这一原因希望能够给它提供尽可能广泛的基础"。[40]人们花了几十年的时间才把选举权推广到大多数白人男性身上，而且是偶然发生的，并非出于设计。开国者们把门槛设置为"四十先令永久产权"，但是忘记考虑通货膨胀了。随着财产价值的上涨，选民人数随之增加。

1828 年，安德鲁·杰克逊竞选时，美国第一次看上去像是一个大众民主国家。这时距离共和国成立已有四十多年。如果你在美国历史上寻找和特朗普类似的角色，杰克逊是你所能找到的唯一明显的答案。美国历史上不乏煽动民心的事件，比如20世纪30年代考夫林神父（Father Coughlin）的反犹无线电广播，还有20世纪60年代的乔治·华莱士的隔离主义毒药。但是，杰克逊是唯一一位入主白宫的真正民粹主义者。他和特朗普的相似之处令人震惊。除了杰克逊的身高"略高于六英尺以外……他有一头浓密的沙褐色头发"，他号称要为"农民、机械工人和劳动人民"代言，对抗当时的财政利益。[41] 杰克逊对于暴民的同情只扩展到白人男性。他是个奴隶主，是个非常富有的人。

和特朗普特别相似，杰克逊憎恨高于他的人，又鄙视身处底层的人。那些自视高于杰克逊的人在他关停美国第二银行（当时的美国联邦储备银行）时，得到了应有的报应。而在他之下的那些人，特别是切罗基族印第安人，在迄今为止最大规模的美国原住民迁徙中，被迫离开了家园。人们很难忽略这些事件和特朗普打算驱逐一千一百万墨西哥移民计划之间的相似性。杰克逊把任何批评他野蛮政策的声音都视为虚伪精英的鳄鱼眼泪。废奴主义者特别受到鄙视。杰克逊政府"认定白人较之于非白人的至高地位，并将任何挑战这种至上地位的行为视为假意的慈善事业"——杰克逊的传记作家之一肖恩·威伦兹（Sean

Wilentz）如此写道。⁴² 杰克逊允诺清理"华盛顿的奥吉亚斯牛圈"（特朗普允诺"排干沼泽"）。一旦执政，他便没有时间去重整美国毁掉的政治体制，而是忙不迭地将政府工作指派给他的朋友和支持者。虽然有大量类似的记载，历史学家还是把杰克逊的时代称为民主革命的时代——或者简而言之，称为普通人的时代。

似乎直到昨天，西方精英才会带着本能的自豪感来思考民主。质疑它就像诋毁干净的空气或是双亲家庭一样古怪。即使是最注重自我反思的维多利亚时代自由主义者，也会因为由劳动阶级来选择谁来统治英国这个观念倒吸一口凉气。直到19世纪70年代，选举权才扩展到大多数白人男性。"我想象不出还有什么比让既受过良好教育又有钱的人经常听从一群可怜无知者的建议，而且还要和他们竞争谁去执掌政权这件事更加堕落糟糕的了，"维多利亚时代的散文家沃尔特·白芝浩如此写道，《经济学人》杂志的一个专栏是以他命名的，"如果事情以这种方式运转，人民的呼声（*Vox populi*）将会变成恶魔的呼声（*Vox diaboli*）。"⁴³ 白芝浩的担心最发人深省之处在于，他仍然无法想象"无知的人"要自己担任职务。

要让特权阶层适应普遍的选举权需要一段时间。要让他们把它看成是一件好事,还要花上更长的时间。1916年,英国政府第一次公开宣布自己是民主国家,当时它正深陷一战,需要牢牢地抓住一项足够伟大的事业来证明成千上万牺牲在战壕中的年轻人死得其所;英国的主要敌人,恺撒大帝式人物统治下的德国是个专制国家。英国的主要盟友之一俄罗斯,因为沙皇在俄国革命中被推翻(然后被处死),随后退出了战争。在掌握了统治权之后,布尔什维克立即成为欧洲各国新的并且是更具威胁的眼中钉肉中刺。在国内拥有更加充分的民主忽然成为生存下去的重要工具。美国总统伍德罗·威尔逊表示,美国加入欧洲大战的目的是为了拯救民主。这对美国人来说也是一件新鲜事物。它成为美国、英国和法国的第二天性——半个世纪后,在开始与苏联的冷战之后,它也成为西欧其他国家的第二天性——它们将民主视为西方文明王冠上的宝石。按照历史的眼光,一百年是个相对较短的时间段。如今,又一世纪感觉像在信仰上发生了翻天覆地的飞跃。

即使是在民主的黄金十年,西方也小心翼翼地不让直接民主失去控制。第二次世界大战之后,欧洲大部分国家由德国牵头,在设计宪法时遵循着和美国的开国先贤们同样的动机:惧怕纯粹的人民的声音。毕竟阿道夫·希特勒在1932年的自由选举中吸引了将近40%的民众投票。奥地利人在德奥合并的全民投票中,绝大多数投了支持票。就像意大利、奥地利、葡萄牙和其他国家一样,德国的战后宪法设置了大量的控制手段来限制人民呼声的影响力。总统是一个没有实权的傀儡。德国1949年《基本法》的第一句话是:"人之尊严不可侵犯,尊重及保护此项尊严为所有国家机关之义务。"政府为了人民的公利,不能过分依赖于民众的治理。只有在法国,戴高乐在20世纪50年代制定的新的宪法中,才对人们直接发声毫无畏惧。不过它忽略了一个事实,那就是20世纪30年代法国软弱的联合政府一直被本土的法西斯主义者和共产主义者之间的街头斗争所困扰。"希特勒比布鲁姆更好",社会主义者莱昂·布鲁姆率领的联合政府中的法西斯说道。布鲁姆也是个犹太人。法国的半内战(semi-civil war)使其政治陷于瘫痪,致使该国在第二次世界大战之前就惨遭灾难性的分裂。在主要的西方民主国家中,只有美国人和英国人成功地把极端分子阻挡在外。然而,即使如此,暴民也很有影响力。由美国航空名人查尔斯·林白(他对纳粹德国怀有赞赏之情)领导的"美国优先"运动大受欢迎,进而造成了美国在加入第二次世界大战的时机上近乎致命的延误。值得一提的是，特朗普的竞选口号就来自于林白的演讲。英国20世纪30年代的保守党政府在对纳粹德国崛起的回应上陷入了极度分裂。有人希望在一战的杀戮之后不惜一切代价避免冲突。其他人公然支持希特勒的议程。即使是温斯顿·丘吉尔，当时在野党的重磅声音，也被认为在确保火车准点运行这件事上向墨索里尼表达过祝贺。

20世纪40年代后期，欧洲的铁幕刚刚建起，民主的黄金时代就此拉开了帷幕。同时开启的还有历史性的遗忘症。冷战期间，讲英语的民主国家几乎忘记了他们曾经对人民的声音所抱有的矛盾心理。冷战结束以后，对公众舆论的恐惧再次蔓延开来。家庭恐惧症是真实存在的。自柏林墙倒塌以来，精英们对于民主的怀疑态度日益加深。此后恰逢欧盟最为突飞猛进的扩张。欧盟俱乐部不仅从15个席位几乎翻倍成28个（等到英国脱欧完成，这个数字将变成27），而且集中在布鲁塞尔的权力大幅增加。无论你对欧盟有何看法，它都不是民主的。"需要强调的是，欧洲一体化是这次约束民意的全面尝试的重要环节，"哈佛大学的简·沃纳·穆勒说道，"它在国家约束之外增加了超出国家的约束。"[44] 这个匿名委员会系统为其成员国设立了规则——从最微不足道的产品标准到税收和支出的限制——

几乎不受民主控制的影响。他们称之为"行政立法委员会机制"（comitology）。只有极少数人了解布鲁塞尔的这项制度。欧盟委员会主席几乎总是来自比利时或卢森堡等国的无足轻重之人：政府易于控制，绝不是家喻户晓的名字。这个人在拜占庭式的分层官僚体制中担任主席——弗兰兹·卡夫卡对此肯定不会陌生。具有讽刺意味的是，自从苏联解体以来，欧洲的力量已经发生了转移。"民主看上去取得了胜利，那么为什么还会出现担忧，还要去限制它的范围呢？"《治理空洞》（Ruling the Void）的作者彼得·梅尔（Peter Mair）问道。

柏林墙倒塌一年后，我获得了一个在布鲁塞尔欧盟委员会的见习机会——他们叫作"实习生"（stagiare）。尽管我是欧洲项目的支持者，但这六个月的时间让我对官僚机构的工作终生免疫。这是一段令人窒息的经历。新闻业让我有一种走在开阔的道路上，清风拂面的感觉。一个大学的朋友劝我去拜访他的哥哥，他是一个英国记者，名叫鲍里斯·约翰逊，以嘲讽布鲁塞尔的工作方式而出名。他靠写作有倾向性的报道为生。鲍里斯化用了林登·贝恩斯·约翰逊的著名调侃，开玩笑说："从外面朝里面撒尿总比从内里往外面撒尿好。"虽然我不认同鲍里斯的政治观点和他的新闻方法——他专门从事恶作剧漫画——但是不难看出他在英国为什么有那么多的追随者。四分之一世纪之后，鲍里斯在英国投票退出欧盟这件事情上扮演了主要角色。布鲁塞尔的官僚像"希拉里地带"的智库一样，对人们如何看待他们一无所知。英国脱欧只是强化了他们的世界观。布鲁塞尔的结论是，英国的退出是一个机会，这将允许欧洲一体化加快速度。布鲁塞尔的回应是否会在未来几年引发更多的国家脱欧，这是一个悬而未决的问题。同样的健忘症也适用于华盛顿，过去十年我一直居住的地方。华盛顿有91%的人在2016年投票支持希拉里·克林顿。特朗普的胜利只能促使人们认为，首都圈以外的人是无知且恶意的。

"非自由民主"（illiberal democracy）是十几年前由法里德·扎卡利亚创造的词语。公众的民主观念是，民主是一个简单的过程，人们选出代表来执行他们的指令。学者们称之为"民主的民间理论"。[45] 这就是中世纪的农民对其君主的信仰转换到当下的观点。如果国王无视他们，那肯定是因为他身边有佞臣。只需拿国王的神圣权利来对应人民的神圣权利："人民永远不会腐化，只会偶尔受到欺骗。"越来越多的人感到自己被玩弄了。政治家承诺的是一件事，做的却是另一件。过去二十年来,在美国和其他地方,怨气一直有增无减。公众对于政治制度的信任度降至历史最低水平。更加成熟的民主观点认为,只有通过个人权利、司法独立、权力分立以及其他制衡体系对其加以限制,民主才能发挥作用。根本没有民意这种东西,只有一系列相互竞争的利益之间纠缠不清的交易。目睹立法机关制定法律,很难不感到整件事都朽坏了。正如俾斯麦所说:"法律和香肠一样,一旦看到它们是怎样制作出来的,便再也无法对此产生好感。"我在欧盟委员会和国会山上,看到了太多的香肠制作过程,这足以让你永远对吃猪肉失去兴趣。然而,这是独裁统治之外的唯一选择。

因此,自由民主的故事就是纯粹的民间民主理论和更复杂的自由主义理念之间的持续张力。如今它们变成了相互对立的力量。那么这就是西方危机症结之所在:人民的意愿和专家的统治将我们的社会分裂成了两块——多数人的暴政对阵自谋私利的圈内人俱乐部;英国对阵布鲁塞尔;西弗吉尼亚对阵华盛顿。随之而来的特朗普的当选和英国退出欧盟,都是民意的再次彰显。用一位荷兰学者的话说,西方民粹主义是一个"对不民主的自由主义的不自由的民主回应"。[46]英国人和美国人据说在 2016 年拿回了他们的主权。我称之为"(核)反应"。可以清楚地看到,西方精英们正在向什么方向妥协。达沃斯不是更加民主的粉丝俱乐部。将民主控制之下的许多领域(如货币政策、贸易和投资)让渡出去之后,2016年之后的西方精英如今担心他们走得还不够远。

但是,精英们对于民主的失望情绪已经持续多年。"世界价值观调查"提供了全球舆论最详细的情况,自柏林墙倒塌以来,整个西方世界对于民主的支持率一直在暴跌。[47]在年轻一代身上,情况更是如此。很长一段时间以来,学者们认为,越发明显的不满民主的迹象仅仅是对当下政府不满的反映。政府的合法性可能已经在削弱,但是政权的合法性依旧强劲。没有其他的选择。毕竟,民主是城里唯一的游戏。这个解读未免太过自满了。当被问及生活在一个民主国家中对他们有多重要,从一到十的评分等级,接近四分之三在二战前出生的美国人打出了十分。对于那些反抗过法西斯主义,或是受到法西斯主义迫害,而且经历过冷战的一代人而言,民主是一种神圣的价值。欧洲同时期和婴儿潮的一代人和他们的支持水平相似。对于千禧一代来说,情况刚好相反。只有不到三分之一的美国及欧洲千禧一代给出了十分。然而,在20世纪90年代中期,当三十岁以下的人被问及同样的问题时,他们把生活在民主国家放在了非常优先的位置。自那以后成长起来的人比起其他任何时期的人来说,对于民主都要更缺乏信心。

许多千禧一代确实认为有可行的其他选项,包括军政府。美国和欧洲全年龄段的民众中,如今有六分之一的人认为让"军队进行统治"是一件好事,或者是一件特别好的事。在20世纪90年代中期,这一数字仅为十六分之一,相差接近三倍。当被问及是否会支持一位"不必为议会和选举费心的强大领导人"时,回复也大体类似。在欧洲,专制主义的支持率增长最剧烈的,是最成熟的民主国家,特别是英国和瑞典。但是最令人不安的发现是,富人对于整个西方国家的民主突然大幅度地失去信心。在20世纪90年代,美国和欧洲的富人比其他任何收入群体都更支持民主。这种情况已经上下颠倒了。穷人现在是民主最强大的粉丝团,而富人是最大的怀疑者。1995年,只有5%的美国富人相信军队统治会是一件好事。到2014年,比例已经翻了三倍多。更高比例的千禧一代高收入群体支持专制统治。人们倾向于在早年形成政治信仰,然后坚持一生。如果今天有钱的年轻人是明天的思想领袖,那么民主的未来就会摇摇欲坠。这项调查的数据只截至2014年。如果是在特朗普和英国脱欧后收集的数据，那么贫富群体之间认知民主的差距则会更大。

社会越是不平等，我们越是容易听到群众恐惧症的声音。这一点上，我会和我的曾祖父母一代产生共鸣。这对美国的开国先贤来说也不陌生。"最近出现的西方有钱公民对于民主制度的厌恶，可能只不过是重新回到了历史常态"，雅恰·蒙特和罗伯托·斯特凡·福阿写道。[48] 更直白地说：在不平等程度高时，有钱人害怕暴民。2016 年初，我和纽约的一位大人物进行过一场令人瞠目的谈话。他认为，应该对选民进行一场综合知识测验，以便筛选掉所有的"低信息量选民"。他估计选举权测验将会筛选掉一半选民。这也许是一件好事。"如果我们有一个简单的知识测验，就不必担心特朗普会当选总统"，他说。这项测验与麦迪逊、杰弗逊等人在 18 世纪末设定的最低限额非常相似，只是它基于知识而非财产。真是非常 21 世纪的想法。

当我们越过边界，进入到成群结队的无人机和机器人士兵的时代，富人对大规模平民军队的需求就会减少——反之也是他们在 19 世纪和 20 世纪扩大选举权范围的一个关键原因。科幻小说喜欢描绘机器人取代人类的反乌托邦。比这个更接近现实的观点是，机器人确实会取代人类，但这将是在一小撮精英构成的人类主人的吩咐下进行的。[49]

唐纳德·特朗普最喜爱的活动之一是观看摔角（pro-wrestling）比赛。近几十年来，他多次凭借自己的实力，以明星身份出现在世界摔角娱乐（WWE）的现场。虽然他从未参与过打斗，但他经常进入摔角场，参与其中搞怪的环节。他最近一次在WWE露脸是2015年，在他刚开始总统竞选之前不久，当时他撂倒了假意挣扎的文斯·麦克马洪——WWE首席执行官。当着欢呼的人群，他用一把电动剃须刀刮掉了麦克马洪的头发。完成这项工作后，他转向持续高呼的人群，向空中挥舞着拳头："是的！"他显然从头至尾都热爱着这项活动。可以肯定地说，特朗普是第一位进入WWE摔角场的美国总统。希望他也是最后一个，这个要求是否太过分？文斯和琳达·麦克马洪凭借着1980年创立的WWE发迹，这对夫妇向特朗普基金会捐赠了500万美元。他们也为特朗普的总统竞选做出了贡献。2017年1月，特朗普提名琳达·麦克马洪担任小企业管理局的局长。琳达除了在WWE谋取了暴利之外，还是一名教育改革的有力倡导者。她投入到特朗普内阁的资产总价值估计超过130亿美元。[50]

WWE对于美国流行文化的意义,就好比斗熊对于中世纪欧洲的意义。区别在于,前者全部都是装出来的。观众知道台上上演的是一出戏,但是大家乐于沉浸其中。他们在情感上的投入和铁杆的肥皂剧粉丝没什么区别。WWE向你展现了恶棍、英雄、反英雄和受害者。WWE剧本的变化反映了美国中产阶级内心真正关注点的变化。在20世纪80年代,打斗是关于善与恶的对抗。后者一贯带有俄罗斯或伊朗口音。他们最终都会失败。通常坏人会失声痛哭,并且承认他有多么邪恶。冷战之后,故事开始发生改变。善恶之战换成了基于恶意的人际纠纷的戏剧。外来的敌人被我们周围的人所取代。受害者会报复对他们施暴的人。文斯·麦克马洪频繁地在摔角场外区域饰演一个贪婪的老板,他身处一间更衣室或是行政办公室,通过一个大屏幕放映给摔角场的观众。他曾经扮演过一个贪婪的执行总裁,他总是想方设法地欺骗或是利用他所雇用的摔跤手。

最引人关注的变化是英雄的消失。每个人都有一些龌龊的面相。没有人值得信赖。克里斯·赫奇斯在《幻术帝国》一书中写道:"一座又一座的城市,一个又一个的夜晚,一座又一座拥挤的竞技场,摔跤手们展开了一个个崭新的、破坏性的社会故事。故事关乎个人的痛苦、家族世仇、享乐主义以及报复的幻想,与此同时给别人造成痛苦。这是对受害者的狂热崇拜。"[51]赫奇斯是在2009年写下这些话的。自此以后,WWE的受欢迎程度被终极格斗锦标赛(UFC)取代,该奖项吸引了数千万的观众,并为其最大的明星赢得了数千万美元的奖金。和摔角不同,UFC没有剧本。参赛者在一个大型的八角形铁笼子里一决高下。他们确实打算伤害对方。UFC的斗士使用拳击和武术的混合打法,其中包括泰国跆拳道。角斗场周围血腥四溅。牙齿时常会被打落。在裁判干预之前,胜利者通常会对失败者的头部进行持续性的拳打脚踢。官方的犯规列表包括了咬人、挖眼睛和用头撞人。它让有剧本的摔角运动显得有些老派。特朗普在UFC的发展初期帮它进行过宣传,他还参与过另一个经营时间不长的竞争对手的特许经营。人们想象他会喜欢这场奇观。UFC之于流行文化,就好比特朗普之于政治——一个残酷无情且毫不宽恕的表演生意类别。它取代了团结一致,提供复仇的宣泄。

有些人不认可大多数美国开国先贤所持有的对于平民的恐惧,他们对人民与生俱来的智慧报以更加理想的信念。这一观念源自卢梭和康德,他们相信人类天生的道德指南——流行的"常识"观念来自托马斯·潘恩。20世纪攉毁了欧洲人心中怀有的对于卢梭"普遍意志"的幻想。然而,美国从来没有经历过有组织的群众煽动所造成的恐怖事件,因此较少牵绊。托克维尔对美国最敏锐的见解是关于它的"仪表民主"(democracy of manners)。这位法国贵族的美国之行恰好与安德鲁·杰克逊的总统任期相吻合,他担心的不是一个极权主义的未来,而是一种可能从我们的民主特征中孕育出的,更有隐患的未来。托克维尔写道:"我们这个时代的国家不能阻止人的处境变得平等,但是平等原则究竟会引导他们走向奴役还是自由,知识还是野蛮,繁荣还是不幸,这要取决于他们自己。"[52]

即使是在特朗普获胜的冲击下,人们也劝慰我,他会因自己的幻想而陷入崩溃。把民粹主义者一举送至权力中心的幻想很少能够在接触执政现实之后存活下来。特朗普应该也不例外,但是愿望往往是我们的一厢情愿。我们低估了人类永无止境的娱乐欲。1996年,尼古拉斯·内格罗蓬特,互联网最早的传教士之一,宣布互联网的解放潜能。他说:"民族国家的角色将会发生巨大的变化,民族主义在(互联网上)的空间还不如留给天花的空间更大。"[53]内格罗蓬特无法把特朗普想象成互联网的产物,他更像是身份被盗用了。不过现实摆在这里。可以肯定的是,我们可以下载整个世界的图书馆，我们也可以在线收看 UFC。随着每一项新技术的突破，信仰的乌托邦式的飞跃也会重演。在 19 世纪 50 年代，电报被宣称为伟大的人类联合者。《新英格兰人》的一篇社论说道："旧的偏见和敌对状态再也不复存在。"[54] 亨利·大卫·梭罗对其潜力的把握更为现实："我们急匆匆地从缅因州修筑一条电磁电报线路到得克萨斯州，"他写道，"但是缅因州和得克萨斯州，它们之间可能没有什么重要的事需要沟通。"[55] 几乎一模一样的乌托邦主张里都有电视、商业飞机和汽车。如今我们有了探索其他文化的手段，理解的障碍就会减少。早期的广播巨头之一伽利尔摩·马可尼说："无线时代的到来将会使战争变得不可能，因为它会让战争荒唐可笑。"[56] 在丘吉尔和罗斯福之外，还有希特勒在使用这种媒介上堪称能手。现在我们必须相信，特朗普的阴谋论会在一百万在线公民核查员的严密审查下日渐枯萎。

但是，如果他的支持者不在乎呢？如果美国中产阶级对真相变得如此淡漠，干脆从摔角游戏的政治版本中随便挑选一个剧本呢？奥威尔设想了一种未来，其中监视一切的专政统治会扑灭自由思想并且取缔人类的亲密关系。但是互联网给我们带来的，比起《一九八四》，更接近阿道司·赫胥黎的《美丽新世界》。特朗普当选后，这两本书在排行榜上的销售量猛增（还有汉娜·阿伦特的《极权主义的起源》）。奥威尔的恐惧是老大哥会一直看着你。赫胥黎的恐惧是我们会沉溺在电视上观看老大哥，其他什么都不在乎了。如果人们不去阅读，就不需要禁书了。如果人们获得取悦，他们也会变得温顺。在影片《角斗士》中，德里克·雅各比扮演的罗马元老格拉古认为，像他这样的罗马共和国的贵族捍卫者，还敌不过皇帝康茂德的面包和马戏团。"罗马跳动的心脏不是参议院的大理石，而是斗兽场的沙子，"他说，"他会带来死亡——他们为此而爱他。"相比于奥威尔，弗拉基米尔·普京是赫胥黎更好的弟子。20世纪80年代，当他在德累斯顿担任克格勃特工时，当地大多数人可以通过他们的发射机接收来自西方的电视节目。这些是政治上最平静的东德地区。他们才不会被西德的新闻所吸引——他们迷上的是《豪门恩怨》(*Dallas*)《海滩护卫队》(*Baywatch*)和《王朝》(*Dynasty*)。正如耶夫根尼·莫洛佐夫（Evgeny Morozov）在《互联网幻象》(*The Net Delusion*)中指出的那样，东德有一个地区无法接收到西德的电视，它被称为"无知之谷"。但它也是这个国家最政治化的一个地区。这里的人们申请出境签证的数量要远远高于他们消息灵通的邻居。有时候,自由的幻觉是所有人都需要的。

普京是特朗普钦佩的领导人,他在今天的俄罗斯很好地运用了这些经验教训。媒体是相对自由的。普京可能已经掌握了一些不为网络传教士所知的东西,后者在希拉里的国务院颇具一定的影响力。空想家们相信革命会在Twitter上传播。[57] 普京主义者认为,他们更乐意消化西方的娱乐节目,不会在意其他事情。俄罗斯人不会去读异见人士的博客,而是去迷恋小猫咪和唇语。类似的网站才是我们流量的主要来源。没有理由认为,西方人比俄罗斯人天生更精明。"新的克里姆林宫不会犯旧苏联所犯下的错误:它永远不会让电视变得无趣,"彼得·波梅兰采夫写道,"大多数(俄罗斯人)对这种交易感到满意:完全的自由换取完全的沉默。"[58]

由于缺少戒严法,美国媒体极少可能会被特朗普缄口,或被拉拢。特朗普的白宫高级顾问史蒂夫·班农曾经捏造了大量假新闻,帮助特朗普赢得了大选,当他让华盛顿的记者闭嘴时,激起了在场者的嘲笑。[59] 然而,他的态度确实反映出政治中心对这个行业的普遍看法,那就是这个行业在信誉上的剧烈下滑程度甚至超过了政治阶层。如班农所言，如果美国媒体现在是反对党，人民会站在哪里？俄罗斯再一次提供了令人不安的参照路标。美国大都市的精英和城市以外的选民之间的差距并不亚于莫斯科与广大内陆之间的差距。普京熟练地运用着由克里姆林宫及其商业追随者编导的电视真人秀产业，它的影响力远超过城市中产生的任何讽刺言辞。无论是脱下衬衫去狩猎，还是在冬季奥运会开幕时带着雷朋眼镜，骑着哈雷摩托车在舞台上疾驰，普京多变的外形都是针对俄罗斯底层人士特意设计的。他们称克里姆林宫的公关经理为政治技术专家。在上任之前，特朗普就已是普京在美国名人中最主要的学徒。政治技术既是他的敌人，也是他的朋友。反革命（counter-revolution）也可以用来发Twitter。

如果我们不能寄希望于让特朗普来担负重任，我们是否可以依靠这个体制？简短一点回答，我们会解决的。详细一点说，美国的分权与任何宪政民主国家一样，都是由领导它的人来维持的。金字塔的顶端是总统本人。如果总统有诚信，其余大部分都会落实到位。在特朗普入主的华盛顿，我们必须按照啄食顺序，逐级寻找解决的办法。理查德·尼克松认为，总统所做的任何事情从定义上都是合法的，不能被抽象的体制击倒。当他下令破门进入布鲁金斯学会行窃时，尼克松的幕僚并未向警方举报他。当他告诉五角大楼要让美国的核武器保持高度戒备时，他并未遭到断然拒绝。在这两起案件中，尼克松的幕僚把他的命令搁置了一整个晚上，希望他早晨醒来后会变得清醒。然而，在其他案件中，尼克松的高级官员愿意应他的要求从事违法行动，其中包括入室盗窃民主党位于水门综合大厦的办公室。如果不是因为联邦调查局的二把手马克·费尔特，尼克松的总统职位可能会保住。费尔特把尼克松违法的细节透露给了在《华盛顿邮报》工作的鲍勃·伍德沃德和卡尔·伯恩斯坦，他们两个人随即在白宫威胁升级的情况下勇敢地发表了这个故事。

还有其他的案件，比如在伦道夫·斯托尔不甚知名的故事里，这位高级官员拒绝执行尼克松的命令。作为美国国税局的负责人，他被尼克松的助手要求对尼克松敌人名单上的政治家和记者进行审计。斯托尔于 2014 年去世，享年 100 岁，当时他拒绝了这个命令。[60] 他随后请求与尼克松会面，讨论他的疑虑。尼克松拒绝见他。五天后，斯托尔被解雇。尼克松向他的助手明确地表达了他想要一个怎样的继任者。"我要确定他是一个无情之徒，"他的录音带记录道，"他会按照接到的指令行事，将我希望看到的每个所得税申报表都放在我眼皮底下,他会追击我们的敌人而不是我们的朋友。"[61] 他们想到了约翰尼·M.沃尔特斯,认为他比斯托尔更容易摆布。1972年,沃尔特斯拿到一份名单,里面列出了两百名需要调查的尼克松的敌人。他前往时任美国财政部长乔治·舒尔茨那里询问该怎么办,舒尔茨告诉他把这些名字锁在保险柜里。沃尔特斯并未照做,而是将名单交给了国会的一名工作人员。"我们当时为什么要推荐他?"尼克松在被告知沃尔特斯拒绝遵守命令时,如此说道。后来沃尔特斯公开向国会作证他被要求做了些什么。像斯托尔一样,沃尔特斯活到了非常高龄的年纪。他几年前去世,享年94岁。也许清醒的良知正是长寿的关键。[62]

我们无法获知特朗普的华盛顿潜藏着多少个费尔特、斯托尔和沃尔特斯,但是他们的故事提醒我们,维系体制的是有个性的人,而不是法律。不管唐纳德·特朗普丢给美国法治什么东西,如果它想挺过去,那么必须得有人用他们的职业生涯来冒这个险。这个人会不会是联邦调查局局长詹姆斯·科米呢?他在竞选最后一刻的干预帮助特朗普扭转了方向。特朗普当时要求科米发表声明,表示联邦调查局将重启对希拉里电子邮件的调查,科米对此惶恐不已。他的过失之处在于,特朗普把他挑选出来作为"暗箱操作系统"(rigged system)的一部分。在一个深度分裂的国家,中立就会被视为共谋。当民主国家的一个阵营抢先一步丢出叛国罪的指控时——没有什么比选举总统时进行暗箱操作更严重的指控了——法律所立足的基石就会收缩。当风暴在你周围咆哮时,要无私地坚持正义格外困难。科米在狂风中丢掉了他的外套。那是在一场特朗普预计会输掉的选举中。现在特朗普成了他们的总司令,就此而言,顶在科米——或国税局官员,或美国情报机构的负责人们——脑袋上的压力究竟还要大多少呢?正如马基雅维利所说,比起被爱戴,君主更应被敬畏。

然后是国会,美国政府的第一分支机构。考虑到国会山监管不力的历史,它必须得在这场游戏中下点狠功夫。华盛顿的"深层国家"(deep state)——包含情报机构和国家安全机构的整套体系,无论哪个政府执政,它似乎总是在扩充——多年来一直比国会发展得更快。[63]尽管国会应该监督它们的活动,但它们完全依赖于自己的机构获得讯息。在实践中,情报机构只向八名立法者通报情况,而且通常只在事后通报。他们不允许带着助手或是笔记。"我们就像蘑菇一样,"美国前任立法者诺曼·峰田说,"他们让我们处于黑暗中,还给我们施了很多粪肥。"然而,正如"水门事件"听证会以及尼克松辞职之后的改革所展现的那样,国会有能力控制一个任意妄为的行政部门。不过,起关键作用的同样是个体,而不是制度。如果我是一个崭露头角的马克·费尔特,我会把我的材料透露给约翰·麦凯恩——亚利桑那州的倔脾气参议员,或是他的同事,亚利桑那州的杰夫·弗莱克,或是南卡罗来纳州的共和党人林赛·格雷厄姆。没有谁比共和党鹰派更爱嘲笑特朗普了。

最后还有司法部门,美国政府的第三分支机构。没有什么可以阻止美国总统无视法庭。然而,伪装几乎一直是历任美国总统的公民责任,尼克松除外。安德鲁·杰克逊也是一个例外。当杰克逊的首席大法官约翰·马歇尔宣布临时中止杰克逊把切罗基印第安人赶出家园的计划时,杰克逊回应道:"就让他去执行这个裁决吧。"法院从未执行过。控制权力的是总统,而不是司法部门。对总统的约束是美国体制正常运转最重要的组成部分。还有,人也是最根本的关键因素。读到这里的读者不需要我对特朗普先生这个角色再做更多相关主题的专门研究。然而,我还是忍不住要再讲一遍特朗普最喜欢的轶事之一。这个故事有关女人与蛇,特朗普在竞选活动中重复了很多次。一位"心肠很软的"女士在路上发现了一条受伤的蛇,她带它回家并且照顾它恢复到健康状态。苏醒之后,蛇随即转身咬了她一口。垂死的女人问它为什么。"哦,闭嘴,傻女人,"这个卑鄙的东西说道,"你一早就知道的,在你把我带回来之前我是一条蛇。"[64]

特朗普重述这个寓言,目的是警告美国不要从叙利亚收容难民,但它更适合作为特朗普选举的道德故事。在竞选期间,一位记者总结了特朗普的核心势力区域的观点和自由精英的观点之间的差别:"媒体从字面上理解他,从不认真对待他;他的支持者认真对待他,不是从字面上理解他。"[65]事实证明,他们都错了。特朗普应该受到认真对待,以及从字面上加以理解。特朗普的就职演说愈发清晰地表明,他的竞选承诺是极其认真的。在就任的几天之内,他就发布了一条禁止叙利亚难民入境的行政命令。事实证明,特朗普禁止穆斯林进入美国的承诺也是真的。我相信,他发誓要驱逐数百万墨西哥移民的承诺也是如此。然后,他承诺理顺西方的北约联盟,和普京结成伙伴关系,等等。谁会成为特朗普的内部检举人?我们在哪里可以找到他的马克·费尔特?世界上最大的民主国家,以及全球民主国家的未来掌握在我们可能不知道的人的手中。

20世纪90年代中期,我在马尼拉担任了两年《金融时报》的驻地记者。虽然菲律宾上一代人在费迪南德·马科斯的掌控之下没少受苦,但它仍是东南亚最自由的国家,并且在1986年人民力量革命中重新恢复了民主。这个国家的一个负面特点是高犯罪率。除了民主之外,菲律宾还从美国继承了枪支文化,这一文化统治该国半个世纪。一个周末我飞往达沃市,听说那里的市长掌握了前所未有的控制犯罪的方法。市长两侧围着一群B级片里常见的戴鸭舌帽穿牛仔靴的打手。他把我带进一个射击场,递给我一把左轮手枪,让我击中一个靶子。我不知道手枪前前后后中靶和脱靶了多少次,他的随从中爆发出阵阵大笑声。后来,当我问及市长犯罪率为何如此低时,他说,当地的犯罪分子爱好飞行,一种解决方法是把他们带上直升机,简单地帮助他们前行。"他们再也不飞了",他笑着说。每当想起这幕场景会激起多少笑声时,我的心中仍会惴惴不安。市长的名字是罗德里戈·杜特尔特。他现在是菲律宾的总统。

如果你想做一个案例研究,杜特尔特领导的菲律宾是一个不错的开端。自他当选的九个月以来,超过七千名菲律宾"吸毒成瘾者"命丧黄泉。但是,在任何西方标准下,杜特尔特的支持率都保持在极高的水平上。在全世界范围内，只有弗拉基米尔·普京和土耳其民主选举出来的强人雷杰普·塔伊普·埃尔多安享有80%或以上的支持率。像普京和特朗普一样，杜特尔特拥有找到大众脉搏的诀窍。面对受人欢迎的蛊惑人心的政客，维权人士和自由派积极分子无能为力。毕竟，杜特尔特是以人民的名义来行事的。

近三千年来，知识分子一直在讨论对民意的限制。我们相较于许多古希腊的论点有了长足的进步。柏拉图认为，民主是暴民的统治——字面上 *demos*（暴民）和 *kratos*（统治）的组合。他认为，暴民无法区分知识和意见。亚里士多德的回答是把博学多识之人的统治和多数人的同意相结合。他也相信身份的不断转换。公民应该抽签决定谁将会担任公共角色。英国最深刻的民主思想家之一伯纳德·克里克写道："（权利）只能通过成为一个积极的公民而获得，绝不是'袖手旁观坐享其成'的现代消费主义式的民主。"[66]古希腊人和美国的开国先贤肯定瞧不上杜特尔特治理的菲律宾和特朗普领导的美国。不过古人把门槛定得太高了。对美国这个有着3.24亿人口的民主国家来说，期待积极的公民参与是不现实的。在1亿人口的菲律宾，情况还要更加困难。在古代雅典，你可以注视着你的统治者的眼睛。只有不到百分之一的美国人有可能瞥见特朗普本尊。即便如此，特朗普还是声称知道他们都是谁。"沉默的大多数回来了，不是默默回来的，"特朗普说，"而是充满斗志的。"

非自由民主是否是一个矛盾的术语？也许在初期阶段并非如此。但是随着时间的推移，真正的民粹主义者失去了对于民主游戏规则的耐心。在西方领导人中，匈牙利的欧尔班·维克托已经向前走得太远。把匈牙利说成是一个真正的民主国家是不合理的。匈牙利的反对党面临着一个毫无可能向他们倾斜的竞争环境。欧尔班的对手在这些条件下赢得选举的机会微乎其微。欧尔班现在吹嘘说，匈牙利是一个"非自由的民主国家"。

简·沃纳·穆勒在他对民粹主义的精辟调查中，毅然质疑了那些认为民粹主义是民主的人。真正的民粹主义者不仅反对精英阶层，也是多元主义的敌人。没有多元社会，民主就失去了基础。民粹主义者从来不会说"我们代表百分之九十九的人"，占领华尔街运动的参与者在祖科蒂公园抗议时也是一样。民粹主义者宣称他们为所有人发声，只有他们知道真正的民族身份。芬兰的民粹主义者开启了作为真正芬兰人的生活。如今他们只是芬兰人,名称的改变是衡量他们成功的标准。"唯一重要的事,就是人民的统一——因为其他人毫无意义",特朗普说。因此,特朗普就像欧尔班一样,是个真正的民粹主义者。他,而且只有他,才能识别真正的美国人。

特朗普主政的美国即将发生的事情,将会很好地回应福山有关世界民主的衰退是否会转变成为萧条的问题,但是欧洲发生的事情也很重要。布鲁塞尔在独揽了绝大部分的重大决策后,仅给它的成员国留下身份政治的问题。在纳粹之后的历史上,德国很快将会看到一个极右政党第一次突破5%的门槛,并在下一任大选中获得一席之地。"德国另类选择党"(Alternative für Deutschland)在民意调查中的支持比例约为15%。如果欧洲要生存下去,德国这个中心必须要坚持下去。即使如此,周围的国家仍可能会分崩离析。土耳其会离开北约吗?英国能维持一体吗?比利时和西班牙能保持完整吗?欧洲会阻止来自非洲和中东的移民潮吗?西方能否重新成为世界灯塔的角色?相比之下,俄罗斯的异见人士早就放弃了西方正在助推他们事业的幻想。和他们在20世纪90年代俄罗斯向民主过渡时期所期待的相反,现在的引力是双向的。如果以美元来衡量政治影响力,那么俄罗斯在2016年可谓收益不菲。如今伦敦是俄罗斯寡头们存放资金的地方。贸易这个术语发生了改变。"如果说曾经有一段时间,他们(俄罗斯的异见者)普遍使用'西方',尤其是'伦敦'一词来代表他们所追求的指路明灯,"波梅兰采夫说,"那么现在说'伦敦'和'西方'则是表达一种轻微的厌恶,因为这些成了庇护、奖赏以及强化了那些压抑他们的势力的地方。"

自21世纪初以来,西方的声望日渐衰微。西方的政治模式不再是世界羡慕的对象。西方民主受到质疑的同时,它的全球实力也处在同样的境遇。美国的损失是相对的:它在世界GDP中的份额已经下降。它还因为借民主之名发起鲁莽的战争,失去了它在全球的信誉度。欧洲地缘政治上的损失则是绝对的。它不再可能超越自己的边界施展力量。事实上,欧洲边界的开放性本身就是一种日益增长的威胁。与此同时,世界的重心正在不可逆转地转向东方。

注释:

1 塞缪尔·亨廷顿(Samuel Huntington)把20世纪70年代中期以来的欧洲描述为"第三次浪潮",但是我理解的起始点有所不同。

2 Peter Pomerantsev, *Nothing Is True and Everything Is Possible: The*

Surreal Heart of the New Russia (Basic Books, New York, 2014 (ebook)).

3 Alexander Cooley, 'Countering Democratic Norms', in Larry Diamond, Marc F. Plattner and Christopher Walker (eds), *Authoritarianism Goes Global: The Challenge to Democracy* (Johns Hopkins University Press, Baltimore, 2016).

4 同上。

5 *Freedom in the World 2016*, Freedom House, <https://freedom- house.org/report/freedom-world/freedom-world-2016>.

6 2017 年 1 月作者采访。

7 引自该书题词: Jan-Werner Müller, *What Is Populism?* (University of Pennsylvania Press, Philadelphia, 2016).

8 Edward Luce, 'Hillary Clinton's rickety bridge to the White House', Financial Times, 30 November 2014, <https://www.ft.com/ content/e84aa190-76f2-11e4-8273-00144feabdc0>.

9 Peter Mair, *Ruling the Void: The Hollowing of Western Democracy* (Verso, New York, 2013 (ebook)).

10 Jeffrey M. Jones, 'In US, new record 43% are political inde- pendents', Gallup, 7 January 2015, <http://www.gallup.com/ poll/180440/new-record-political-independents.aspx>.

11 Mair, *Ruling the Void*.

12 Robert Ford and Matthew Goodwin, *Revolt on the Right: Explaining Support for the Radical Right in Britain* (Routledge, New York, 2014 (ebook)).

13 Müller, *What Is Populism?*

14 引自 Ford and Goodwin, *Revolt on the Right*.

15 Edward Luce, 'Tony Blair warns US Democrats against support- ing Bernie Sanders', *Financial Times*, 23 February 2016, <https://www.ft.com/content/9c70cae8-da55-11e5-98fd-06d75973fe09>.

16 Julia Carrie Wong and Danny Yadron, 'Hillary Clinton pro-poses

student debt deferral for startup founders', Guardian, 29 June 2016, <https://www.theguardian.com/us-news/2016/jun/28/hillary-clinton-student-debt-proposal-startup-tech-founders>.

17 <https://www.hillaryclinton.com/issues/>.

18 William H. Frey, 'New projections point to a majority minor- ity nation in 2044', Brookings Institution, 12 December 2014, <https://www.brookings.edu/blog/the-avenue/2014/12/12/new-projections-point-to-a-majority-minority-nation-in-2044/>.

19 The Hispanic population, 2010. US Census, <http://www.census.gov/prod/cen2010/briefs/c2010br-04.pdf>.

20 Harry Enten, 'Trump probably did better with Latino voters than Romney did', FiveThirtyEight, 18 November 2016, <https://fivethirtyeight.com/features/trump-probably-did-better-with-latino-voters-than-romney-did/>.

21 Amitai Etzioni, 'Adding census categories won't unite a divided America', *National Interest*, 8 January 2017, <http://nationalinterest.org/feature/adding-census-categories-wont-unite-divided-america-18984>.

22 Mark Lilla, 'The end of identity liberalism', *New York Times*, 18 November 2016, <https://www.nytimes.com/2016/11/20/opinion/sunday/the-end-of-identity-liberalism.html>.

23 'Columbia professor says Democrats need to move beyond 212 identity politics', NPR, 25 November 2016, <http://www.npr.org/2016/ 11/25/503316461/columbia-professor-says-democrats-need-to-move-beyond-identity-politics>.

24 Lilla, 'The end of identity liberalism'.

25 英国独立党 2013 年会。参见：Sean Clare, 'Nigel Farage: Britain would prosper outside EU', BBC News, 20 September 2013, <http://www.bbc.com/news/uk-politics-24163335>.

26 Ford and Goodwin, *Revolt on the Right*.

27 同上。
28 *Social Insurance in Sweden*, Government Offices of Sweden hand- book on benefits, <http://www.government.se/49b756/contentassets/48c6a2996f844d54bd2ad77dbc56bac9/social-insurance-in-sweden- s2014.010>.
29 2017 年 1 月作者采访。
30 Takis S. Pappas, 'Distinguishing Liberal Democracy's Challengers', *Journal of Democracy*, 27:4 (October 2016), p. 27.
31 同上 , p. 30.
32 Alec Tyson and Shiva Maniam, 'Behind Trump's victory: Divisions by race, gender, education', Pew Research, 9 November 2016, <http://www.pewresearch.org/fact-tank/2016/11/09/behind-trumps-victory-divisions-by-race-gender-education/>.
33 Didier Eribon (trans. Michael Lucey), *Returning to Reims* (Semiotext, New York, 2007).
34 J. D. Vance, Hillbilly Elegy: *A Memoir of a Family and Culture in Crisis* (Harper, New York, 2016).
35 Eribon, *Returning to Reims*.
36 引自 Müller, *What Is Populism?*
37 Tim Kreider, 'I love America. It's Americans I hate', *The Week*, 9 January 2017, <http://theweek.com/articles/670637/ love-america-americans-hate>.
38 Roger Scruton, *A Political Philosophy* (A. & C. Black, London, 2006), p. 25.
39 引自 Nancy Isenberg, *White Trash: The 400-Year Untold History of Class in America* (Viking, New York, 2016).
40 引自 Bernard Crick, *Democracy: A Very Short Introduction* (Oxford University Press, Oxford, 2002).
41 Sean Wilentz, *Andrew Jackson: The American Presidents Series: The 7th President 1829–1837* (Times Books, New York, 2007).

42 同上，p. 70.
43 引自 Crick, *Democracy*.
44 Müller, *What Is Populism?*
45 这篇文章对现实主义者的民主解读有着精彩的论述：*Democracy for Realists: Why Elections Do Not Produce Responsive Government* by Christopher H. Achen and Larry Bartels (Princeton University Press, Princeton, 2016).
46 Cas Mudde, 'The problem with populism', *Guardian*, 17 February 2015, <https://www.theguardian.com/commentisfree/2015/feb/17/problem-populism-syriza-podemos-dark-side-europe>.
47 这篇文章对"世界价值观调查"的发现做出了精辟的剖析：Roberto Stefan Foa and Yascha Mounk, 'The Danger of Deconsolidation', *Journal of Democracy*, 27:3 (July 2016), <http://www.journalofdemocracy.org/sites/default/files/Foa%26Mounk-27-3.pdf>.
48 同上。
49 感谢 Foa 和 Mounk 对这个发人深思的反转所做的贡献。
50 Matt Rocheleau, 'Trump's Cabinet picks so far worth a com- bined $13b', *Boston Globe*, 20 December 2016, <https://www.bostonglobe.com/metro/2016/12/20/trump-cabinet-picks-far-are-worth-combined/XvAJmHCgkHhO3lSxgIKvRM/story.html>.
51 Chris Hedges, *Empire of Illusion: The End of Literacy and the Triumph of Spectacle* (Nation Books, New York, 2009).
52 Alexis de Tocqueville, *Democracy in America*, Part I (1835).
53 Nicholas Negroponte, *Being Digital* (Hodder & Stoughton, London, 1996).
54 引自 Evgeny Morozov, *The Net Delusion: The Dark Side of Internet Freedom* (Basic Books, New York, 2012).
55 Henry David Thoreau, *Walden* (1854; W. W. Norton, New York, 1966), p. 67.

56 Morozov, *The Net Delusion*. 莫洛佐夫的作品会让每一个对科技和民主感兴趣的人手不释卷。

57 'The Revolution Will Be Twittered', *Atlantic*, 13 June 2009, <https://www.theatlantic.com/daily-dish/archive/2009/06/the-revolution-will-be-twittered/200478/>.

58 摘自 Pomerantsev, *Nothing Is True and Everything Is Possible*.

59 Michael M. Grynbaum, 'Trump strategist Stephen Bannon says media should "Keep its mouth shut"', *New York Times*, 26 January 2017, <https://www.nytimes.com/2017/01/26/business/media/stephen-bannon-trump-news-media.html?_r=0>.

60 Paul Vitello, 'Randolph Thrower, IRS chief who resisted Nixon, dies at 100', *New York Times*, 18 March 2014, <https://www.nytimes.com/2014/03/19/us/randolph-w-thrower-dies-at-100-ran-irs-under-nixon.html>.

61 引自 George Lardner Jr, 'Nixon sought "ruthless" chief to "do what he's told" at IRS', *Washington Post*, 3 January 1997, <https://www.washingtonpost.com/archive/politics/1997/01/03/nixon-sought-ruthless-chief-to-do-what-hes-told-at-irs/6a9dbd0a-0261-4afe-9402-21b154bb20bd/?utm_term=.de0816f4e7e3>.

62 Douglas Martin, 'Johnnie M. Walters, IRS chief who resisted Nixon's pressure, dies at 94', *New York Times*, 26 June 2014, <https://www.nytimes.com/2014/06/26/us/politics/johnnie-m-walters-ex-irs-chief-dies-at-94.html>.

63 我从这部精彩的作品中受益良多：Mike Lofgren, *The Deep State: The Fall of the Constitution and the Rise of a Shadow Government* (Penguin, New York, 2016).

64 以下文章中重新叙述了这个故事：Ezra Klein, 'The snake', Vox, 30 January 2017, <http://www.vox.com/policy-and-politics/ 2017/1/30/14427228/donald-trump-snake-story-refugees>.

65 Salena Zito, 'Taking Trump seriously, not literally', *Atlantic*, 23 September 2016, <https://www.theatlantic.com/politics/archive/2016/09/trump-makes-his-case-in-pittsburgh/501335/>.
66 Crick, *Democracy*.

第三章

放射尘

> 天下大乱,形势大好。
> ——毛泽东

1938年,就在内维尔·张伯伦登上臭名昭著的飞往慕尼黑的航班的前一周,约翰·梅纳德·凯恩斯向布鲁姆斯伯里团体中艺术气息浓厚的朋友们展示了一篇不同寻常的论文。他慵懒地躺在长椅上,表明为了探讨"我的早期信仰"而阅读了这篇文章。凯恩斯所拥有的超凡才能之一,就是能够在不同的领域间建立联系。[1]他是个数学天才,同时又推崇美学。他是世界知名的学者,同时又能驾驭白厅的"权力走廊"。他是一位经济学家,同时比其他同行更能把握地缘政治。1919年在凡尔赛担任经济顾问时,凯恩斯当即意识到战后条约造成了两败俱伤。《凡尔赛条约》如要阻止战败德国的复苏,未免过于宽宏大量;如要达成双方和解,又未免太具惩罚性。凯恩斯在察觉到"和平的经济后果"时,也预见到它不祥的地缘政治影响。他在第二次世界大战前夕的讲话就是关于休战的近二十年间对他早期信仰的影响。

一战爆发前的十年中,对于英国上流社会或中产阶级来说,"他们无须像其他时代必须成为最富有的人和最有权势的君主,就能以很低的成本和极少的烦恼,获得生活提供的便利、舒适以及福利",凯恩斯在他关于凡尔赛的专著中写道。处境安逸的爱德华七世认为"这种状态是正常的、确定的和永久的,只会沿着改善的方向进一步前行"。他们对即将到来的命运毫不知情。正像凯恩斯在二十年后告诉布鲁姆斯伯里团体的那样,"我们没有意识到,文明是由极少数人的个性和意志建立起来的薄弱且不牢靠的外壳,而且只有通过巧妙加以解释和连哄带骗保存下来的规则和习俗才能得以维持。"一战期间大规模的屠杀,随之而来的无能为力和居心叵测的和平,国际联盟的崩溃以及一个崭新德国的恐怖崛起——现在我们对此都再熟悉不过了。对于他这样一个承袭了自己 1904 年前形成的思想的学者——剑桥的理性主义者,最重要的在于他珍视美好、真理以及对于知识的追求——不经意间驶入了"结束一切战争的战争"旋涡,这该有多么艰难?回顾过去,凯恩斯把自己和他这一代人看作是"水蜘蛛,凭借灵巧轻薄的才智,优雅地掠过溪流的表面,与身子下面的旋涡和水流没有丝毫接触"。

我们有没有从历史中学到过东西?如果答案是肯定的,那么当今世界与 1914 年世界的相似之处对我们来说应该是个狠狠的打击。当时就和现在一样,世界上的大型经济体之间是深深交织在一起的。第一次世界大战之前的几十年标志了全球化的高峰，世界经济直至20世纪90年代才恢复到当时的水平。像今天一样，当时的人们认为不断深化的商业关系让战争这个观念变得不合逻辑。因此，爆发战争让人难以置信。几十年的和平之后，人们已经安于现状。当然，在这个世界的遥远之处总会有不时作响的枪炮声，比如英国的布尔战争，发生在南非，以及几乎每个大陆都会定期爆发的殖民地的小规模冲突。但是"文明大国"之间最后一次真正的冲突已经过去四十多年了，还是1870年至1871年的法德战争。况且，这只是一场双边战争。一个世纪前，欧洲的最后一场大战随着拿破仑在滑铁卢的战败旋即结束。就像我这代人一样，凯恩斯那个年代的人不太可能有直接亲历战斗的经历——或者是任何直接由战争触发的真正的恐惧。像布尔战争一样，2003年美国对伊拉克的入侵发生在另一个时区，并且主要是由基层的志愿军参与战斗。我们其余的人都在继续购物，正如乔治·W.布什敦促我们去做的那样。更重要的是，购物的欲求永不餍足。就像我们沉浸于苹果产品和手工咖啡带来的喜悦，凯恩斯这一代人也陶醉于他们的大吉岭茶和内燃发动机。

但是最大的相似之处是地缘政治。冲击凯恩斯同时代人的东西，只有在事后呈现出全部面貌之时，我们才能看清楚。历史学家称之为"修昔底德陷阱"。这个概念以记录了斯巴达对雅典崛起的反应的希腊历史学家命名。现有的政权如何回应潜在挑战者的崛起？它是否应该预先避免可能的威胁，或是进行调整以确保它不会发生？斯巴达选择与雅典开战，结果最终战败。哈佛大学2012年的一项研究调查了自1500年以来发生的15起这样的事件，发现在11起事件中，陷阱最终导致了战争。[2] 其中一个例子是19世纪末和20世纪初德国的崛起。维多利亚时代的英国是霸主；俾斯麦主导的德国是挑战者。1880年，德国仅有英国制造业产值的三分之一；到了1913年，德国已经反超。[3] 这与今日中美之间的相似点是不容忽视的。英国海军作为曾经无可争议的海洋统治者，不到一代人的时间就从欧洲"近水域"的实际垄断者走到了与德国势均力敌的地步。当时它仍然保持着全球领先的地位，但在欧洲，两个国家不相上下。

就在唐纳德·特朗普当选之前，这种轨迹仍令人忧虑不已。自冷战结束以来，华盛顿一直坚持认为，它将尽一切努力确保美国在亚太地区的持续优势地位。奥巴马政府也是如此，他的"重返亚洲"战略与之前的布什和克林顿一样，旨在对中国加以遏制，但是美国实现这一目标的手段不得不一而再、再而三地适应中国崛起的惊人速度。

就在全球亟待建立合作之际,民粹民族主义(populist nationalism)正在卷土重来。目前已有不少关注指向美国的衰落——我甚至还在2012年写了一本有关该主题的书《美国,醒醒!》。美国的相对衰落是实际存在的。但是更宏大的图景更加令人忧虑。所有类型的政府——无论民主的还是专制的,小国还是超级大国——正在失去预测局势的能力,因而丧失了左右它的办法。国家领导人躲在角落里窥视并阻止即将到来的危险——这样的日子已经远去了。最好的外交政策是由掌握事实的冷静头脑来实施的,而且还要避免即时传播造成的道德绝对论(moral absolute)的压力。领导者花越多的时间来权衡他们的选择,越有可能选出正确的选项。技术变革的速度正在对他们造成不利影响。民主在此刻的衰退无疑是场悲剧。某种程度上,我们大多数人相信专制国家比民主国家更有效率。这是一个错误观念。在第二次世界大战期间,明显更有效率的两个参战国是美国和英国。即使在战争最暗淡的时期,大多数的政治自由也没有中断。[4] 两国公众信任的程度使得他们的战时政府能够通过自愿的方式征用资源,并且引领他们走向共同目标，而不是通过胁迫的方式。相比之下，希特勒让他的心腹相互对立，因而浪费了巨大的资源和战略情报。强人的偏执程度远远超过他们假定的工作效率。信任是一个成功的自由社会的黏合剂；而恐惧是独裁者的货币。前者才是最稀缺的。以这个标准，也是最重要的标准，特朗普就是一个毫不掩饰的专制者。他遇到的阻力越大，就越是会散布不信任感。技术是特朗普的朋友。科学则是他的敌人。

第一个现代科学的昌明时代有其在国际关系领域中的对应呈现。《威斯特伐利亚和约》（The Peace of Westphalia）出台于1648年，它开启了一个新的体系，每个国家都可以选择自己的忏悔对象，新教或是天主教。每个国家都保证尊重其他国家的内部特征，同时尊重宗教少数群体的权利。《威斯特伐利亚和约》结束了霍布斯式的"所有人反对所有人的战争"，正是这种战争曾让欧洲化为灰烬。它建立了一种可以与牛顿物理定律相媲美的外交机制。[5] 同样的原则为后拿破仑时期的欧洲合作（post-Napoleonic Concert of Europe）奠定了基础，维持了将近一个世纪的和平。各国不去干涉对方的内政。由于俾斯麦领导下德国的崛起打破了原有的均势，牛顿的物理学为达尔文的"适者生存"法则让出了道路，生物学取代了机械学，并且引发了我们历史上两次最具有种族灭绝性质的战争。

什么样的科学适用于21世纪的世界？按照今天的标准，如果我们能够回到类似《威斯特伐利亚和约》约定的秩序，那无疑相当了不起。但是，反稳定的势力实在难以抵挡，很难想象我们能够扭转时钟。不断加剧的无序，不断增加的事件随机性，以及科技的指数级变革，都在把我们所有人塑造成不稳定的颗粒（erratic particle）。我们正在进入一个布朗运动式的世界（Brownian world）。《牛津大词典》对布朗运动的定义是："悬浮在清澈液体中的微观粒子或各种分子表现出的不规则运动，也称为分子运动。"这也描述了我们所处的数字时代。网络世界中急速上涨的字节数对网络混乱推波助澜。简而言之，我们正在进入一个不稳定增长的时期，而且难以维持不变的中心。

在写作《万物皆虚，一切皆有可能》（*Nothing Is True and Everything Is Possible*）这本最能体现我们时代精神的书籍之一时，彼得·波梅兰采夫认识了弗拉基米尔·普京的得力助手，弗拉季斯拉夫·苏尔科夫。苏尔科夫可以算作一个让人感到很不舒服的天才：他明白人类的弱点——

比如转移话题的能力以及从无聊中解脱出来的渴望——大都是受到技术大师操纵的。苏尔科夫还以笔名纳坦·杜博维特斯基写作小说。他的小说《几乎为零》中的"反英雄"叶戈尔有点像"粗俗的哈姆雷特",他可以看穿他那个年代的肤浅,但是不能对任何人或任何事产生真正的感受。在普京2014年出兵克里米亚之前不久,苏尔科夫/杜博维特斯基发表了一篇名为《没有天空》的短篇小说。小说的时间设定在"第五次世界大战,第一个所有人反对所有人的非线性战争"之后不久的将来。没有人真的知道他们站在哪一边,谁在发动战争,以及为什么发动。"在19世纪和20世纪的原始战争中,只有两方参战是很平常的,"苏尔科夫写道,"两个国家,两队盟友。现在有四个联盟相互冲突。不是二对二,或是三对一。是所有人反对所有人。"获利最多的人是那些最能利用混乱力量的人,而不是与之对抗的人。没有事情是真的。一切都可以予以否认。特朗普相信这个系统是暗箱操纵的。斯蒂芬·班农——想要"摧毁这个系统"的人——正在逐渐成为特朗普的苏尔科夫。

这个世界正在陷入迷雾中,凯恩斯会把这种迷雾看作是剧烈的不确定性。技术在消除各国之间隔阂的同时,民族主义也在故态复萌。无论多少砖头和迫击炮,无论多少主张防御的马奇诺防线,都不能阻止它的泛滥。这将在未来几年为世界带来两个关乎生存的挑战。首先是改变了国际关系的本质。其次是国家内部特征的剧变。二者相互依存并相互强化。任何国家的最大职责都是保护国民免受敌人的侵害。在核武器出现之前的时代,国家通过大规模的军队完成这一职责。在核时代,国家越来越多地转而依赖大规模杀伤性武器。虽然冷战期间几次差点擦枪走火——其中最有名的是1962年古巴导弹危机——但是美国人和苏联人逐渐理解了彼此的信号。最终,每一方都能够流利地读懂对方的核武器语法。1962年以后,双方建立了核热线,甚至同意交换人员,以便把陷入战争的风险降至最低。"共同毁灭原则"(Mutual Assured Destruction)之所以起作用,是因为它基于两个高度组织化的行动者之间的理解。自冷战结束以来,俄罗斯和美国都纷纷削减了大量的核武器储备。今天,他们的武器储备大约在高峰期的十分之一左右。

然而,今天的核世界比冷战时期要危险得多。不但联合国安理会常任理事国(俄罗斯、美国、法国、中国和英国)是核武器国家,目前全球共九个国家拥有核武器。以色列、印度、巴基斯坦和朝鲜也加入了核俱乐部。这个数目可以在相当短的时间内升至15个。拥有核武器的门槛不断下降。如下国家被认为能够快速实现核领域的突围，包括日本、埃及、澳大利亚、土耳其、沙特阿拉伯和伊朗。而且，俄罗斯和美国，这两个大型核武器国家对彼此的核协议已经不再了如指掌，信任全无。印度的主要目标是对付巴基斯坦。而巴基斯坦在阿卜杜勒·卡迪尔汗主持下，创立了自己的核工厂，也在迅速更新换代武器库。在特朗普时代，核幽灵的扩散速度要比核武器发明以来的任何时期都更加迅猛。

核控制根本上是一个自上而下的问题，不是公民社会所能够解决的。没有美国人的参与，它永远不会有结果。奥巴马尽到了他最大的努力。2009年，我和奥巴马一起出访布拉格，当时他发表了著名的演讲，呼吁建立一个无核的世界。[6]这是一个值得称道的目标，尽管他并没有走得太远。但是，他勇敢地宣布这件事的紧迫性，并且努力开展全球对话。唐纳德·特朗普对这个问题表示不感兴趣。在上任之前，他对核武器的认知比小学生还要差。在一次总统辩论中，特朗普明确表示，他不知道"核三角"（从空中、陆地和海上发射的能力）意味着什么。他也是第一位公开宣称打算使用它们的美国总统。他在一次竞选采访中说:"有人在 ISIS 内部打击我们,你还不用核弹反击吗?"[7]特朗普当上总统后,全球核扩散毋庸置疑,肯定会变得更糟。事实上,他明确呼吁进行新的核军备竞赛。"如果说国家都要拥有核武器,那么我们国家肯定要当领头羊",他在担任总统不久之后说。[8]

就像我们认为历史已经终结一样,我们也认为自己已经进入到后核武器时代。事实正相反,核战争的风险从未像现在这样高。网络战争的威胁已成为必须加以考虑的影响因素。它给冷战双边的威慑提出了相反的问题。网络武器是非对称战争的终极范本。它不仅可以容纳多个参与者(几乎是无数参与者,如果包括非国家参与者的话),而且通常不可能知晓是谁在攻击你。攻击者是克里姆林宫的某个部门,还是一个捣蛋的俄罗斯工作人员?是一群虚无主义的黑客?是 ISIS,还是伊朗?如果你不知道谁在攻击你抑或接下来谁有可能攻击你,怎么可能以报复相要挟从而阻止他们呢?即便你能够识别出攻击者,也很难知道什么样的反击合适。虚拟攻击是否值得动态响应?假设美国的空中交通管制遭遇网络攻击,造成空中撞击以及数以百计的人员伤亡;或者大规模的电网断电,导致死亡率激增。假设你知道攻击者的身份,是否应该予以军事回应?如果不应该，为什么不？如果回应了，你又应该在何时停止？现实与虚拟现实之间的界限正在模糊。美国最优秀的一群战略家致力于这一问题已长达十年。他们还没有提出一种确切的学说。共同毁灭原则行不通，但是没有其他东西能够代替它。美国网络司令部认为，下一场全球战争将在网络空间打响。毫无疑问，他们只是在自言自语。但他们有理由担心，在没有交战规则的战场上，谁都无法抗拒以隐身方式进行打击的诱惑。战场上也没有任何限制。"（因为）无缝连接的全球网络、数据包和物联网，网络战争不仅（将会）牵涉到士兵、水手和飞行员，还会不可避免地牵涉到我们其他人，"《黑暗领土：网络战争秘史》（*Dark Territory: The Secret History of Cyber War*）的作者弗雷德·卡普兰说道，"当网络空间无处不在时，网络战争可以渗透每一个数字毛孔。"有关网络战争的好消息是，它的破坏力度永远无法与核武器的相比。坏消息是，这是一场永久性的战争。

当五角大楼的会议主题转向网络战争时，美国前国防部长鲍勃·盖茨不禁喃喃低语："我们再次踏入了黑暗领土（dark territory）"。[9]这是他在铁路工作的祖父常用的短语，用来指代没有标志的延长线。这是对网络世界的一个很好的描述。

他们说，战争中第一个倒下的是真相。在网络战争中，真相是主要目标。像ISIS这样的非国家实体可以随意捏造虚假的故事，并让它们看起来好像来自别处。网络系统会完成剩下的工作。2016年，经由Facebook传播了大量的假新闻报道。这一年也是Facebook广告收入创纪录的一年。就算假设它能开发出一个从虚假讯息中筛选出真实信息的算法，预计很多号称"美国第三大"的公司也会想扼杀这样一个巨大的收入增长来源。当混乱成为一个战略目标时，公众人物具有反驳危险错误的可靠性则是至关重要的。事实上，这是个国家安全问题。不消说，唐纳德·特朗普缺乏这种信任力。他更像是类似捕风捉影的宣传的始作俑者，而不是它的核查者。在特朗普宣誓就职三天后，他亲自打电话给美国国家公园管理局的负责人，要求他删除一则Twitter消息，上面的图片展现了特朗普就职典礼上寥寥无几的参与者，和奥巴马熙熙攘攘的就职典礼比起来相形见绌。推文立刻被撤下来。下一次美国公职人员再想发布可能会给特朗普带来不利影响的信息时，他们会三思而后行。特朗普的白宫团队还公开要求美国外交官员辞去职务，而不是准许其通过美国国务院存在已久的异见渠道来表达疑虑——这一渠道允许外交官匿名发表声明。这是内部讨论的重要通路。

世上不存在中立的信息（neutral information）。对于民粹主义者来说，事实是要么支持他们，要么反对他们。白宫正在发动一场针对真相的战争。特朗普已经明确指出，战后美国引领的全球秩序已经成为历史。但是取代它的会是谁？在特朗普的鼓励下，美国的结盟网络现在开始解体。英国曾是美国战后最亲密的盟友。在英国有一种说法，认为最终的目标是让德国人倒台，让美国人入伙，让俄罗斯人出局。三个目标现在都失败了。普京领导的俄罗斯已经在许多中欧民主国家赢得了立足之地，并且越来越快地发展到了西欧。一些人将他比作一个恶意收购企业的人，购买了公司股票的少数股份，随后利用其投票权破坏公司。他的目标是欧洲的分裂。这是他和特朗普的共同目标。这位美国第四十五任总统呼吁欧盟其他成员国追随英国的榜样。上任后，特朗普公开询问哪个欧洲国家将成为下一个退出欧盟的国家。特朗普还在继续质疑北约的未来。最后德国崛起了，但是特朗普想要削弱它。他把安吉拉·默克尔准许叙利亚难民入境的决定说成是一场灾难。彼得·纳瓦罗（Peter Navarro）宣称德国是一个货币操纵者，一个不公平的交易者。[10]默克尔是当下全球舞台上唯一有严肃表现的欧洲领导人。西方的国际主义精神落到了她的肩上。一个四度当选的德国领导人能高举如此大旗并不容易。随着俄罗斯对欧洲的干涉日渐加速，德国更有意向重新成为一个军事大国。那样肯定会把历史的幽灵吓得魂飞魄散。但我们还能看到什么？当默克尔因为下雪而不得不推迟与特朗普的第一次会面时，布鲁金斯学会的托马斯·赖特在Twitter上写道："自由世界的领导人和美国总统之间的会谈推迟到了周五。"他说这话只是半开玩笑。然而，德国的负担可能太大了。如果美国反对，默克尔是否还会支持对俄罗斯的制裁？她会允许欧洲的周边地区发展吗？她能遏制欧洲的移民危机吗？

这本书不敢提供准确的预测。但是可以肯定地说，如果德国不能领导欧洲，那么欧盟就会崩溃。为了自救，欧洲可能必须变成一座堡垒。甚至在默克尔允许多达一百万叙利亚难民进入德国之前，全球移民已经达到了战后的峰值。世界3%的人口现在居住在非出生地国家。根据盖洛普关于全球移民的调查，如果可能的话，全世界有16%的人口，共计7亿人，会搬到更富裕的国家。尤其在非洲和中东地区，还有更多人会不断地尝试。[11]由于地理上的原因，欧洲是他们天然的目的地。如今在特朗普当选美国总统的情况下更是如此。一旦克服了法律上的障碍，特朗普对来自六个伊斯兰国家的临时签证禁令看起来还有可能会进一步扩大。这意味着更多的难民和经济移民即将前往欧洲。欧洲的民主国家肯定无法像过去十年一样挺得过去。民粹主义提供的改革措施总是比弊病本身还糟糕。但是匈牙利的欧尔班·维克托说得很对：欧洲应该在取消内部边界之前，先去加固外部的边界。民众的自由流动如今由于外来人数的剧增，在民粹主义者的反对声中备受威胁。在欧洲刚刚建起的边境机构——欧洲国际边界管理署（Frontex）上花费的金额仅仅是维护边境治安所需的一小部分。虽然听上去很难，但是欧洲无法通过人口输入来解决中东问题。它也没有能力吸收数百万的非洲经济移民。欧洲需要做出极其困难的取舍来拯救自己。

上任后几天内，特朗普领导下的美国就让这些平衡关系急剧恶化。福山的"历史的终结"有可能是错误的。但这并不意味着塞缪尔·亨廷顿的"文明冲突"必然被证实是正确的。

无论好还是坏——我相信大部分是越来越好的——美

国的民主和它的外交政策挂钩长达七十余年。即使是在某些虚伪的时期，比如"反恐战争"和冷战的大部分时期，美国思想的闪光之处也要远多于它犯下的错误。美国一方面在国内维持自身的体制，一方面在国外推广自己，这两者之间的联系尽管通常晦暗不明，但是从来没有断开过。特朗普正在颠倒这一联系。他越是在国内蔑视民主传统，越是在国外危害它们。中东地区也许是最容易引爆的实验室。在2016年之后的世界，阿拉伯人需要更加坚定地为民主寻找理由，这确实说明了一些问题。这同样适用于俄罗斯人、非洲人以及世界各地的人们。西方民主的危机也是国际关系的危机。它们是同一枚硬币的两面。西方的自由民主还没有死亡，但是它比我们所愿意相信的更加接近崩溃状态。它正面临着第二次世界大战以来最为严峻的挑战。然而这一次，我们从内部召唤出了敌人。在国内外，美国的自由主义传统正在受到自己的总统的攻击。我们把纵火犯放在负责消防的位置上。坏消息是，像唐纳德·特朗普和奈杰尔·法拉奇这样的民粹主义者正在赢得这场斗争。好消息是，还有很大的改进空间实现反击。

注释

1 在此感谢康奈尔大学的 Jonathan David Kirshner,他的论文 'Keynes's Early Beliefs and Why They Still Matter' [*Challenge*, 58:5 (October 2015)] 出色地阐明了凯恩斯思想的演进。

2 Graham Allison, 'The Thucydides Trap: Are the US and China Headed for War?', *Atlantic*, 24 September 2015, <https://www.theatlantic.com/international/archive/2015/09/united-states-china-war-thucydides-trap/406756/>.

3 David Calleo, 'Introduction: Decline: American Style', in Benjamin M. Rowland (ed.), *Is The West in Decline?: Historical, Military, and Economic Perspectives* (Lexington Books, Lanham, 2016).

4 这并非是要淡化罗斯福在战时拘留日裔美国人的可耻行径,也不是要掩盖英国决心围捕所有德国侨民(包括来自德国的犹太避难者)的决定。

5 Kissinger, *World Order*。基辛格很好地总结了这个比方。

6 奥巴马的演讲全文值得一读:<http://www.plough-shares.org/sites/default/files/newss/Palm%20Sunday%20Speech.pdf?_ga=1.140094451.152788391.1486684037>.

7 此外,特朗普谈论核武器的视频值得一看:Interview with Chris Matthews, MSNBC: <https://www.youtube.com/watch?v=Gpxr9ZUp7N0>.

8 Robert MacMillan, 'The warhead at the top of the pack: The Reuters/Donald Trump interview', Reuters, 24 February 2017, <http://www.reuters.com/article/us-select-24feb-idUSKBN1631U0>.

9 Kaplan 的著作以这则轶事而得名。

10 Shawn Donnan, 'US trade chief seeks to reshore supply chain', *Financial Times*, 31 January 2017, <https://www.ft.com/ content/8dc63502-e7c7-11e6-893c-082c54a7f539>.

11 Cited in Branko Milanovic, *Global Inequality: A New Approach for the Age of Globalization* (Belknap Press, Cambridge MA, 2016).

第四章

半衰期

> 宽恕是通向行动和自由之关键。
> ——汉娜·阿伦特

"我们不是那样的人。"从地区议员到巴拉克·奥巴马,我已忘记多少次听到过这句话了。说这话的人通常有着良好的意图。当一个国家遭受小学校园枪击事件的重创时,它需要安抚。刚刚发生的是一个偶然事件——我们不是那样的人。然而,恶性通货膨胀导致了这一说法的贬值。2012年把选票投给米特·罗姆尼,那不是我们的行事作风。建造一堵墙,支持死刑或者反对同性婚姻,我们也不是那样的人。不管怎么说,我强烈支持婚姻平等并且恐惧枪支文化。但是这些话流露出一种不可救药的倾向,那就是把自由主义思潮的最新风向描述为不言自明的真理。最令人惊讶的例子是,奥巴马2016年下达行政命令,以拒付资金来向那些拒绝儿童选择自己真正认同的性别的学校施压。[1]批评者把那些反对这条厕所规则的人称为"恐跨性别者"。无论是什么权利引发争议,反对它的人总是被告知他们站在历史的错误面上——这也是另一种经常出现的奥巴马主义(Obamaism)。这种语言面临着两类批评。首先,它重

---

[1] 2016年5月,奥巴马政府要求全美公立学校允许学生根据自己认定的性别去选择厕所或更衣室,而无须依照出生时的生理性别来选择厕所或更衣室。命令威胁称不遵守该准则的学校可能被扣留联邦政府的拨款。——译注

塑了过去。举个例子，奥巴马直到担任总统将近四年才支持同性恋婚姻。[1] 希拉里·克林顿则一直等到 2013 年。换言之，直到最近，他们才成为他们。难道之前的事实不是一目了然吗？在出现跨性别卫生间事件之前，我怀疑有没有人动过这种念头。其次，道德论调差不多总是产生事与愿违的结果。人们感到低人一等。如果你的对手"不是我们"，那么应该把他们置于何地？他们或许是站在历史的错误面，这不是所有人都想待的地方。如果说政治就是说服，这些都是危险的手段。说服人们相信事情的是非曲直，以及劝说人们如果不留心就会成为道德弃儿（moral outcasts），这两者之间有一条细线。早在奥巴马就职之前，美国的自由派就已越过了这条线。

在 20 世纪 60 年代的某个时候，西方左派抛弃了团结一致的政治观，积极拥抱个人解放。每个国家都有自己的转向时刻。厌世的英国诗人菲利普·拉金将英国文化的转向追溯到 20 世纪 60 年代早期："性交开始 / 于 1963 年……在查泰莱禁令结束后 / 披头士第一张专辑 LP 前。"拉金的风格和意象很轻浮，但他传达出了这个年代。法国人要严肃得多，许多人将这一转向定位到 1968 年。那一年，大规模的学生抗议活动导致巴黎陷于瘫痪。尽管有些武断，但我倾向的美国时刻是在1968年民主党代表大会上，反战抗议学生和芝加哥警察起冲突的时刻。[2] 在《迈阿密和芝加哥之围》(*Miami and the Siege of Chicago*) 一书中，诺曼·梅勒描述了一个党派的根基和它的领导层分离之后会发生什么。在被围困的大厅内，党派代表确定提名休伯特·汉弗莱，一个因为支持越南战争而不受民众欢迎的副总统。场外，理查德·戴利市长派的警察殴打着举行抗议活动的嬉皮士。梅勒写道："民主党当着全国的面一分为二，就像梅尔维尔的白鲸从海里冲出来一样。"抗议者的纲领呼吁废除金钱、解雇警察以及全面放弃就业。戴利手下大多是出身爱尔兰和意大利工人阶级的警察，他们在随之而来的暴力斗争中越战越勇，但是嬉皮士赢得了战争。1972年，麦戈文·弗雷泽委员会改变了政党路线，为妇女、少数族裔和年轻人争取到了强制性席位——唯独遗漏了有工作的男性选民。"我们不打算让这些家境优越的哈佛伯克利之流接手我们的党派"，美国最大的工会联合会，美国劳工联合会—产业工会联合会(AFL–CIO)的负责人说道。[3] 这就是当时发生的事情。

从里根时期的民主党人和后来的布什时期共和党人开始，蓝领白人逐渐转到保守主义麾下。他们花了很长时间才发觉上当了。在英国，当有技能的工人阶级在1979年脱离工党投票给保守党时，也有大体类似的感受。他们是玛格丽特·撒切尔当选的关键因素，现在又成为英国独立党的中坚力量。共和党人在过去四十年来一直在煽动白人的焦虑感，同时无视白人工人阶级经济上的不安全感——或是让它们陷入更糟的境地。他们取悦目标选民，引发他们对于多元文化政策（multiculturalism）的怨恨。接踵而至的是特朗普，还有他手中的扩音器。就像他们说的，后来的事尽人皆知。但是谁在正确的这一边？就像奥巴马不乏诗意地表达出来的，历史的长弧是否会向正义倾斜？进步是不是"用一双双满是老茧的手，一块块砖、一片片瓦地盖出来的"？[4] 当然如此。改革是艰苦付出的成果。20世纪60年代的民权胜利是敢于冒着生命风险的勇敢者赢取的，但我严重质疑历史的长弧。历史不是一辆把人类带向一个预定目的地的无人驾驶汽车。无论什么人来控制汽车，都必须确保其他人坐在车内。告诉一些乘客他们无权坐在驾驶座上，是因为他们对目的地一无所知，迟早会导致事故。"夺回控制权"是英国脱欧人士和特朗普选民反复唱诵的口号。这是整个西方世界民粹分子强烈反应的战斗口号。

有两种方式来解读这种冲动。一种是把它视为政治偏执者的最后反应，并且选择无视。这些人希望把时钟拨回到为女性、少数族裔和性少数群体（sexual minorities）奋力争取权利的两代人。正如奥巴马在 2008 年所说的那样，这些人"紧紧抱持住枪支或宗教信仰，反感与自己不像的人"。另一种方式是倾听他们的言论。有些焦虑是文化上的，还有一些是经济上的。关于两者之中哪个在为民族主义的强烈反应推波助澜——这个争论是无法解决的：它们相互交织在一起。如果我们贬损这个社会一半的人口为卑鄙的话，我们将会无权获得他们的关注。我们也会危害自由民主。说服我们自己知道未来是一回事，漠视眼前发生的事情则是另一回事。自 20 世纪 70 年代后期以来，西方政府中的左派和右派一直在将风险私人化。在某种程度上，社会正在悄悄回到社会保险诞生以前的日子，这种情况在美国和英国最为尖锐。曾经由政府和雇主承保的内容已经转移到个人身上。以前当人们突遭挫败时，他们知道会有资金保障他们渡过难关。如今这些保障已被无情地削减。国家的撤退恰逢工作本质发生变革之时。越来越多的工作是零碎的、外包的和临时的。个人越来越有义务为自己准备养老金并且维持工作技能。在英国，员工对于工作时间长短没有发言权的时代已经悄然改变。现在美国将近 60%

的劳动力都是拿时薪,而不是年收入。[5]时薪的中位数为15.61美元。工人阶级已经从制造产品转变成服务他人。美国大部分卡车司机现在都是独立承包商。他们被称为轮子上的佃农。[6]

无论历史把他们置于何处,这些人总会站在经济的错误一边,但这一点并不能涵盖他们的全部。我们时代的清醒头脑把所有这些趋势转化成了经济孤岛。我们只有提高最低工资,或是为打零工的工人提供便捷的福利,才能解决这个问题。然而,那样会错过从更宏大的社会层面理解正在发生的事情。如果你倾听人们的意见,你会对后现代焦虑的强烈程度产生更加不安的印象。在一次又一次调查中,员工投诉最多的是没有被尊重。[7]无论是在亚马逊的仓库工作,在快餐店服务,还是在英国电信客户服务中心工作,他们都觉得自己受到的对待让他们低人一等。人们在上洗手间时必须获得主管的允许,他们的每一分钟都会受到主管的计时。然而,薪酬窃贼——系统性地少计加班工作——已经超过了最高限度。通常情况下,你为之工作的公司并不是你看似正在为之工作的公司。我们愿意认为人们在承担个人的责任,但是公司正尽其所能地摆脱对员工的义务。公司的目标是提高每位员工带来的利润。他们从资产负债表删除的人越多，收益率就越直线上升。在过去的衰退期，公司会削减员工所需完成的工作量，生产力通常随之下降。另一种选择是开始一轮痛苦的裁员。现在他们只需要削减临时工的供应，这样做既不痛苦又悄无声息。这就是为什么在大萧条期间，企业的生产效率持续上升的原因。风险已经转移到了个人身上。

这些数据足够有说服力，但是它们并没有描述出人们的羞辱感。对于尊重的渴望是一个经济层面的愿望，还是社会层面的愿望？又或者是文化层面的？我会认为，对尊严的强烈渴望是一个普遍现象。当人们对社会失去信任，认为社会没有公平地对待他们时，就会陷入更深层的不信任文化中。他们以不友善的怀疑心态看待赢家告诉他们的事情，这并不奇怪。提醒你自己，当大银行在大萧条期间获得救助时，大家是如何反应的。买单的是纳税人，普通人还要被追究责任。数以百万计的住房被收回。如果允许银行破产，每个人都会活得更糟，仅仅这样说是不够的。这是真的，但是社会不是资产负债表。人们用道德术语来解释世界，他们有自己的叙事。公众注意到，奥巴马政府对于美国金融史上最严重的偷窃行为，就连一起刑事定罪都没有通过。在特朗普的领导下，我们必须重新认识传说中的《旧约》世界，但是毫无疑问，华尔街仍将被视为值得《新约》里的赦免。

大选后不久，我和一位美国穆斯林卡里姆·萨亚德珀尔聊了很久，他的父母在20世纪70年代离开了伊朗。通常我会询问卡里姆有关伊朗和中东的情况——他是华盛顿一个知名智库的专家。但是，包括卡里姆在内，很少有人能够长时间地专注于某一项研究。大约在同一时间，弗朗西斯·福山告诉我他已经放弃了他的研究项目。他说："过去一年我一直在努力的一切突然变得微不足道。我唯一能想到的话题就是自由民主的未来。"[8]卡里姆也有同样的想法。尽管特朗普的获胜让伊朗核问题陷入困境，但是卡里姆自己无法释怀的，还是美国正在发生的事情。具体来说，他心系他的家乡，密歇根州的米德兰。他的父母搬到米德兰后，他的父亲在那里从事神经学研究。他们现在仍然在那里生活。卡里姆和他的兄弟姐妹在那里长大，成长过程中发生了伊朗革命和美国人质危机事件。那是一个天然气短缺的时代。愤怒的伊斯兰教徒焚烧美国国旗的画面充斥着电视屏幕。美国外交官被关押了444天。卡里姆戴面纱的祖母和他们一起生活，更是提高了萨亚德珀尔一家的受关注程度。不过在他的记忆中，没有发生过一起种族虐待事件。他说:"我们的背景偶尔会引起他们无害的好奇心,但是我们主要是因为出色的运动能力引人注目……我和我的兄弟足球踢得很好。"他们最亲近的朋友是泰辛一家,一个天主教家庭。由于卡里姆的父亲收入很高,他们能够请得起帮佣。"回顾过去,值得留意的是为我家工作的人,包括保姆和清洁女工都是当地人,"卡里姆说,"但我们从来没有感觉到任何怨恨。"他的父母如今也是这样。

11月9日,卡里姆震惊地发现,他的家乡以压倒性票数把选票投给了特朗普。他知道他们是和他一起长大的人,但是他根本不认为这些人突然变成了白人民族主义者。他说:"像各地的特朗普选民一样,我相信他们的理由很复杂——但我觉得种族主义不是一个好理由。在伊朗人反复叨念'美国去死'的年代,把一个伊朗家庭放在米德兰这种地方,对任何团体的包容能力都是一场考验。米德兰高分通过了那场考验。"或许米德兰的居民和其他中西部地区遭受经济损失的人一样,不喜欢被认为是可悲的人。也许他们想要重新掌控自己的生活,无论他们是否深思熟虑过这个问题。但这必然会导致攻击穆斯林,或是驱逐墨西哥人吗?从卡里姆的故事,还有其他许多故事中,很难相信这是他们的最终动机,但它可能会变成现实。毫无疑问,这会成为特朗普如何解释他的总统授权的借口。在相互厌恶的沼泽中,民主难以长期维系下去。根据所属社会的不同,西方大多数国家正朝着民粹主义或是金权政治(plutocracy)的方向发展。在某些情况下,比如美国,它正在陷入一种混杂的富豪民粹主义(pluto-populism)的状态,看起来越来越像拉丁美洲。唐纳德·特朗普计划解除对华尔街的管制就是一个完美的例证。他在竞选过程中怒斥它的贪婪,执政以后又放松了对它的限制。与此同时,他计划通过妖魔化非法移民和穆斯林来满足民粹主义的要求,并且醉心于剧院政治(theatre politics)。就像是法国波旁王朝的皇族起死回生,摇身一变成了21世纪的新自由主义者。他们永远不与时俱进。无论遇到什么挑战,解决方案总是蛋糕和廉价的消遣。特朗普原计划领导一场针对精英的反抗。实际上,为了迎合精英们的喜好,他从来没有在策划减税和放松监管上浪费过一点时间。在市场营销中,他们称之为"诱购"策略(bait and switch)。特朗普实际上的经济议程(和他的言论相反)将会加深那些投票给他的人的经济困境。

我的目标不是制定详细的政策宣言。每一项宏大的改革措施都有其不足之处。建立一个"全民基本收入"(简称

UBI）——这个方案吸引了越来越多的支持——表面上具有广泛的吸引力。每个公民每年可获得15000英镑的基本收入。所有其他的福利待遇将全部废除，这会为社会整体提供资金。UBI计划会在不景气的时候为失败者提供缓冲，并在好光景给他们一个跳板。它也会一下子摆脱决定谁有资格、谁没有资格获得收益的庞大的官僚机构。告别每日百万次的羞辱。但是UBI模型存在一些缺陷。首先，它将创造出一个强力新磁铁，从而往西方世界吸引新的移民。阻止他们的到来，甄别出在申请基本收入上蒙混过关的人，需要更加严苛的安全措施。其次，UBI将会切断付出和回报之间的联系。人们喜欢感受到自己有价值。工作不仅仅带来经济回报，也关乎目标和自尊。懒散是灵魂的破坏者。六个月不工作后，抑郁、离婚、绝望和自杀都会飙升。UBI的捍卫者将其描述为解决我们面临的复杂问题的魔杖。我担心它会带来一种类似饥饿游戏（Hunger Games）的东西。在这种游戏中，穷人一边接受社会的给养，一边在自相残杀的真人秀节目中获得满足。UBI对工作的未来也闭口不谈。

我们必须比这个想得更彻底。我们还必须牢牢记住，我们所做的任何事情都会产生全球性的溢出效应。发展中国家正在制造的资本品（capital goods）绝大多数是以取代发达国家中等收入人群的就业为代价的。后者的工作现在越来越多地致力于服务富人。[9] 我们是否仍然坚持这个观点：把每个人送进大学是一种解决办法？除了教育改革的影响需要 20 年甚至更长的时间才能感受得到之外，几乎可以肯定地说，机器会发展得更快。技术的革新早已远远超越课程的更新。中国和印度也有可能更快地向前发展。因此，一个关键的目标必须是要提高西方国家技术类和服务类工作的回报。在不同的地区，如德国、斯堪的纳维亚和欧洲其他地区都很熟悉这一点，赋予人们真正的职业技能，他们就会提升工作的质量。英语世界已经忘记了如何做到这一点，社会要求的是最低的价格，而不是重视高质量的服务。另一个目标是教育人们应对一个机器正在承担大部分旧工作的世界。这意味着重新关注人文科学，公众要有基本水平的政治素养。教育不应只是为了找工作。它必须使我们有资格成为社会中合格的一分子。

新的社会契约应该是什么样子？由于我们的危机是政治性的，因此解决方案必须远远超越经济层面。我个人的看法并不总是适合 20 世纪纷繁复杂的情况。但我相信，保护社会上最弱势的群体免遭任意噩运的伤害，是对我们文明价值的最终考验。看上去格外明显的是,普遍的医疗保健应该是抵御日益波动的劳动力市场变迁的基本屏障。应该实施人道主义移民法,恢复公共利益与公民利益之间的联系。我们处在一个律师和会计师的时代。对工作场所的微观监管应该被广泛的指导方针所取代;无论言论采取何种形式,校园和媒体都应保持言论自由。应该坚决地简化税制。政府必须向不好的事情征税,比如碳排放,而不是向好的事情征税,比如说工作;公司应该在它开展业务的地方被征税。政府必须启动各种"马歇尔计划"来对它的中产阶级进行再培训。应该重新设想代议制民主的本质。最重要的是,必须打破金钱对立法过程的钳制。

上述大部分在我看来是不言自明的,尽管还不充分。但是,无论你对自由民主危机采取怎样的改革措施,除非西方的精英理解他们所面临处境的严重性,否则什么都不可能发生。哪怕只是出于自我保护,富人也需要从后现代的凡尔赛体系中探出头来。此时此刻,他们看起来更加忙碌于加固他们的防御工事。2009年,奥巴马政府提议对附带权益征收适度的税收,这会将一小部分资本收益视为收入。这只会从最大的对冲基金和私募股权投资巨头的收入里分出微不足道的一杯羹。正如沃伦·巴菲特所说:"我支付的税额比我秘书的还少,这是不公平的。"华尔街提出了抗议。2009年,奥巴马告诉银行家:"我的政府是你们和那些拿干草叉的劳动者[1]之间唯一的屏障。"不久之后他做出了让步。斯蒂芬·施瓦茨曼,美国最有钱的人之一,曾将奥巴马的适度税收建议和纳粹的征用进行了比较。"这是一场战争,"个人资产价值110亿美元的施瓦茨曼说道,"就像1939年希特勒入侵波兰时一样。"[10] 你没看错。八年后,当特朗普宣布他的穆斯林入境禁令时,施瓦茨曼保持沉默。但是当特朗普计划废除奥巴马的华尔街改革时,他欣喜若狂。他刚刚应邀担任特朗普咨询委员会主管经济增长和就业的负责人。施瓦茨曼说,美国的商业前景比过去很多年"好太多"。我非常怀疑他的脑海中是否展望过西方民主的未来。他对此没有发表任何评论。他的同事也没有,至少没有公开评论过。特朗普可能会说,他们正忙着为即将到来的税收暴利四处游说,这无疑又是一笔不小的金额。

古代思想家一直认为富人对共和国的威胁比穷人的威胁更大:他们更舍不得放弃自己拥有的东西。亚里士多德说:"没有一个暴君是因为又穷又饿而征服一座城市的。"

---

[1] 意即揭竿而起。——译注

别的不说，历史为我们提供了一个庞大的预警系统。让我们期待，我们还能分一些注意力给历史。秋季过去，冬季就会到来，我最担心的不是特朗普，尽管他足够可怕。我最担心的是任何有可能跟随他的人。

在"911"事件之前不久，我调任到印度，担任英国《金融时报》南亚部门主任。我在新德里待了差不多五年。我从那段经历中学到的东西，可能比我生命中任何其他阶段都要多。印度让我明白了许多事情，其中之一便是，一个贫穷国家的发展从理论上讲有多么容易，在实践中又有多么困难。终于，在独立七十年后，印度成为当今世界上增长最快的大型经济体。印度至少需要十年或二十年的时间才会被迫在国内寻求增长点。在此之前，经济增长主要是自发产生的。在未来的几年里，世界将会像依赖中国那样依赖印度，以推动全球的需求。中国社会在日益老龄化，印度社会依旧会保持年轻化。人类面临的许多重大问题主要会在印度、中国和非洲得到解答，而不是西方国家。几个世纪以来第一次，西方必须习惯这一点。它必须学习说服和妥协的艺术。其中一件难以预料的事情，是我们这个物种解决全球变暖问题的能力，这个主题超出了本书的范围。战争的未来也可能在世界屋脊附近的某个地方获得解决——人类的重心会逐渐转移至此。但是最大的问题是政治的未来。

印度在1947年成为自由国家，在最开始的几十年间，没有人为印度民主提供多大的生存机会。算上英迪拉·甘地（Indira Gandhi）在20世纪70年代宣布进入紧急状态的短暂时期，印度民主现在已经到了第七十个年头。尽管现任总理纳伦德拉·莫迪不乏波拿巴主义者（Bonapartist）的性格特质，但是很难想象他会试图叫停这个体制。不过更难看出他会如何取得成功。印度喧闹的异见文化和纯粹的多元主义是如此根深蒂固，我认为民主在印度比在西方部分地区更加安全。半数欧盟国家直到20世纪80年代末才接纳民主，其中部分国家已经在重新考虑这个问题。英国历史学家E.P.汤普森指出，在印度有过多的宗教、宗派和政治意识形态，他曾经说过："西方或东方没有一种思想不曾在印度人的脑海里活跃过。"但是印度最重要的事情还是增长。尽管种姓制度演变成世界上迄今所见的最令人难以承受并具有多维层次的社会性耻辱，但是这种糟糕情形中也有好的一面：事情只能改善，不能再差了，而且大多数也正在改善。无论不平等变得多么糟糕——在印度，传奇的城市财富和村庄贫困之间的鸿沟大得惊人——大多数人的经济状况都在好转。此外，大多数印度人预计他们的经济状况将会继续好转。这是一个乐观的地方。亚洲大多数地区都是如此。除了东南亚经济最不成功的菲律宾之外，对民主最强烈的渴望可能会日渐转向东方。除非有什么突破，阿拉伯世界看起来注定要继续追寻失落的天堂。我们只能希望西方民粹主义的影响不会让它进一步朝错误的方向发展。

西方能否恢复乐观？如果答案是否定的——大多数的预兆都指向了错误的道路——自由民主将会随之暗淡。如果未来几年和过去的这一年一样，西方民主国家能否承受这种压力就值得怀疑了。人们已经对他们的体制能否兑现承诺失去了信心。越来越多的人正在回望一个永远无法恢复的黄金时代。当文化停止展望未来时，它就失去了生命力。对伊甸园的追寻总是以泪水结束。德国作家托马斯·曼曾经指责他的同行培养了"对深渊的同情心"（sympathy for the abyss）。文化悲观主义极少会是有益的心态。从本质上而言，一个人的立场是主观的。一个人眼中的罪恶之都，可能被另一个人视为百花盛开之地，没有精确测量自由民主健康程度的标准。但是我们可以肯定，美国在特朗普领导下不会再度伟大。当他失败后，会出现背叛和挫败的致命情绪。谁又知道这有可能导致怎样的后果呢？许多人曾宽慰地设想，美国的体制能够单纯地恢复到特朗普之前的模式。出现这种情况的可能性和特朗普能够将责任归咎于精英、外国人、少数族群、未经选举的法官还有其他可信手拈来的"破坏者"的可能性至少是一样的。这就是民粹主义者的运作方式。没有规则能够证明民粹主义者最终失败了。特朗普作为总统，可供其使用的转移公众愤怒并且瞄准敌人的手段令人胆战心惊。历史在这个问题上充其量是模棱两可的。特朗普并非天外救星，帮助他崛起的条件在他任职期间只可能会恶化。我们也应惧怕任何可能的特朗普追随者。想象一下有能力又富有经验的白人民族主义者入主白宫，事情看上去会是怎样。在未来的几年里，我们必须特别留意本杰明·富兰克林的智慧箴言："自由的代价是永恒的警惕。"尤其是自由派精英们，未来必须要抵挡住自己继续过舒适生活的诱惑，并且想象时不时地在Facebook上发表抗议，来发挥他们的作用。对特朗普来说，如果你不反对他，你可能就会和他站在一起。特朗普的反对者还必须学会将这个人与投票给他的人区分开。继续斥责社会上的一半人是思想狭隘的，将会是致命的不负责任。

有人曾经说过，情色和色情的区别在于灯光。非自由民主与专制制度之间也存在着同样朦胧的界限。当我们看到它时，就会知道它们的差异。

注释：

1 Becky Bowers, 'President Barack Obama's shifting stance on gay marriage', *Politifact*, 11 May 2012, <http://www.politifact.com/truth-o-meter/statements/2012/may/11/barack-obama/president-barack-obamas-shift-gay-marriage/>.

2 Edward Luce, 'Why Cleveland will be haunted by the ghosts of Chicago', *Financial Times*, 10 April 2016, <https://www.ft.com/ content/f2239c18-ff08-11e5-99cb-83242733f755>.

3 Edward Luce, 'The end of American meritocracy', *Financial Times*, 8 May 2016, <https://www.ft.com/content/c17d402a-12cf-11e6-839f-2922947098f0>.

4 'Transcript: "This is your victory," says Obama', CNN. Transcript of Obama's 2008 Chicago victory speech: <http://edition.cnn.com/2008/POLITICS/11/04/obama.transcript/>.

5 Tamara Draut, *Sleeping Giant: How the New Working Class Will Transform America* (Doubleday, New York, 2016), p. 3.

6 同上，p. 58.

7 同上，p. 2.

8 2017年1月作者采访。关于福山，再强调一点：尽管我批评了他如今广受诟病的"历史的终结"学说，但我仍然认为他是一位敏锐、知识渊博、有反思意识的学者。他也忠于凯恩斯的断言："如果事实改变了，我就会改变我的想法。你呢，先生？"如果福山从没提出过这个学说，我们也可能会创造同样的说法。
9 这是我对 Branko Milanovic 有关全球劳工分化的转述。
10 Courtney Comstock, 'Steve Schwarzman on tax increases: "It's like when Hitler invaded Poland"', *Business Insider*, 16 August 2010, <http://www.businessinsider.com/steve-schwarzman-taxes- hitler-invaded-poland-2010-8?IR=T>.

致谢

我以前针对宏大的主题写过一些雄心勃勃的作品。但是没有哪本书比得上这本薄薄的谈论西方自由民主未来的小册子。一个作者胆敢处理这样一个涉及如此多国家,深入、广泛且历史错综复杂的主题——而且要在如此短的时间内交稿,看上去有些荒谬。我不会为这个尝试道歉。我们如今的学术专业化越走越窄。根据定义,在这样一个跨学科的主题中不可能会有专家。作为一个民主国家的公民,另一个民主国家的居民(现居美国),曾经在另外四个民主国家生活的居民,以及经常出入更多民主国家的旅行者,我对我们的政治前途怀有热情,尽管这个主题毫无疑问地超出了我认知的深度。我也是小女儿咪咪的父亲。当我想到她的未来时,我所感受到的恐惧和希望与日俱增。每个人都有资格为他们的孩子成长所处的社会感到担忧。当我想到自己年过八旬的父母时,更是五味杂陈。我知道他们整个一生对这个世界未来的担心就从未减少过。我们的下一代可能无力改变一些事情,但是我们肯定能够阻止我们的社会陷入新的黑暗时代。

我首先要感谢非常慷慨又睿智的出版代理人娜塔莎·费尔韦瑟(Natasha Fairweather),她在唐纳德·特朗普获胜后不久提出了这样一个图书选题。如果没有娜塔莎的鼓励,我绝不会想到讨论这个主题。正像她指出的那样,我本可以用我的余生来研究这个主题,致力于写一部多卷本的专题论著,而且直到死的时候还没有完成。没有什么时候像现在一样——尤其是指当下的现在。同样,我特别想感谢格罗夫 & 大西洋出版社的 Morgan Entrekin 和利特尔 & 布朗出版社的 Tim Whiting,他们都非常热情且毫不迟疑地接受了这个项目。没有他们的信任以及他们的专业指导,这本书根本无法写成。我也非常幸运地拥有两位享有高度赞誉且目光犀利的编辑——伦敦的 Zoe Gullen 和纽约的 Allison Malecha。感谢他们在细节上的考究和专业上的敏锐。许多人通过快速阅读手稿,提供了极好的反馈,毫不吝啬自己的时间和见解。本书中任何判断上的错误都归咎于我自己。我发自内心地感谢 Ivo Daalder, Pratap Bhanu Mehta, Mat Burrows, Krishna Guha, Niamh King, Rachel Bronson 和 Luigi Zingales。我也从新美国基金会的 Michael Lind 的见解中受益匪浅，他的研究方向是美国民主的轨迹，我和他就本书中讨论的许多主题进行了许多有价值的谈话。Michael 在预测我们面临的危机方面，应该得到更多的认可。我深深地感谢其他时常友好地给予我启发的人，包括 Tyler Cowen, Jonathan Rauch, Larry Summers, David Rothkopf, Martin Wolf, Jonathan Kirshner, Bill Galston, EJ Dionne, Thomas Wright, Richard Porter, Eric Li, Lloyd Green, Alexander Dynkin, Steve Clemons, David Frum, John Pethkoukis, Jane Mayer, Tom Friedman, Matthias Matthjis, William Wallis, Sidney Blumenthal, Karim Sajadpour, Yascha Mounk, Francis Fukuyama, Niall Ferguson, Lou Susman, Richard Longworth, Kori Schake 和 Liaquat Ahamed，并向我不慎遗漏的人表达歉意。我还要感谢《金融时报》让我有机会成为一名专栏作家，并且从事通俗类作品的写作。能够受雇于这个杰出的全球新闻机构，并与这些有趣且有才华的新闻工作者一起工作，是一种巨大的荣幸。我非常感谢英国《金融时报》能在这么紧张的

情况下给予我时间和空间写出这本书。

最后，我要感谢我一生中最重要的两个人。我的女儿咪咪给了我欢乐和希望。我不止一次地发现她在夏季定期售卖柠檬水期间，在我们家门口出售我上一部作品的存货。我只希望，她在卖这一本时不要给那么慷慨的折扣。我想把这本书献给我的伴侣 Niamh King，她是我最好的朋友，也是我的爱人。没有 Niamh，这一切没有任何意义。如果每个人都能像 Niamh 一样，那么世界上就不需要一本像这样的书，自由民主就不会受到损害。我无法想象能在没有她的情况下写出这本书。